나는 자발적 방콕주의를 선택했다

나는 자발적 방콕주의를 선택했다

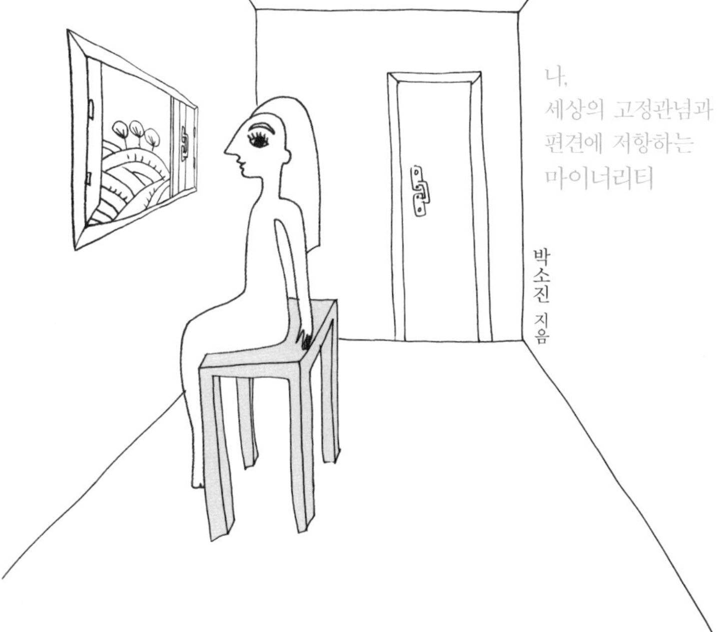

나,
세상의 고정관념과
편견에 저항하는
마이너리티

박소진 지음

마음의숲

차례

여행, 억지로 가지 마라!

쇼핑은 각자 스타일대로 하는 걸로

구석자리만 찾는 사람들

말은 서로 소통하는 것이 중요하다

사랑은 '삶'이다

결혼은 해도 안 해도 후회하는 모험이다

시작하는 글

오늘도 나는 지하철을 거부하고 버스를 탔다. 사고가 있은 이후 당분간 운전을 하지 않기로 결심한 나는 가끔의 외출을 위해 택시를 탈 것인지, 버스를 탈 것인지 늘 고민한다. 사람들은 그냥 빠른 지하철을 타라고 하지만, 지하철은 정말 타기 싫다. 어두운 터널을 끊임없이 지나고 지나면서 수많은 사람이 우르르 내리고 타고, 일면식도 없는 사람들이 얼굴을 마주 보고 앉아 멀뚱멀뚱하다 기껏해야 스마트폰이나 만지작거리면서 시간을 보내고, 출퇴근 시간에는 낯모르는 사람들과 온몸을 밀착한 채 몇십 분을 가야 하기 때문이다. 그렇게 사람들 사이에 끼어 서 있는 내 모습이 지하철 창에 비치고, 그 모습이 무력해 보인다. 많은 사람이 이런 지옥철을 매일같이 타고 출퇴근한다는 것을 생각하면 존경스럽다.

어떤 사람들은 나를 별스럽다 여기고, 심지어 화를 내는 사람도 있었다. 네가 무슨 공주냐면서. 그런 게 아니다. 다만 나는 나의 심리적 영역[1]이 침범당하는 것에 좀 더 예민한 사람이다. 인간에게는 보이지 않지만 각자 심리적 영역이 존재한다. 가령 내 손을 뻗어 상대와 맞닿지 않을 정도라고 할까. 그 영역을 누군가 침범한다면 우리는 위협으로 느끼고 몸을 움츠리거나 공격을 할 수도 있다. 물론 친밀한 관계에서는 예외다. 가까운 사람들 사이에는 이런 영역이나 경계가 불분명하다. 사람 간의 친밀도를 알 수 있는 척도 중 하나가 그들이 얼마나 가까이 있느냐다. 재미있는 사실은 그림에서도 가까운 사람은 가까이, 심리적으로 먼 사람은 멀리 그린다는 것이다. 그런데 지하철을 타면 수시로 이런 공식이 깨진다. 원치 않지만 밀려 들어오는 사람들 사이에서 그나마 떠밀리지 않게

1. 1960년대에 에드워드 홀Edward T. Hall은 문화의 영역에서 한 인간과 타인 사이에 필요한 공간에 대해 연구한 근접학proxemics 이론을 처음으로 정립했다. 그의 대표적 저서 《숨겨진 차원The Hidden Dimension》에서 처음 소개한 '활동 영역성territoriality'의 개념은 한 인간이 타인과의 가장 적당한 물리적 거리optimal physical distance가 무너졌을 때 겪는 부정적 심리 경험을 기술하는 새로운 전기를 마련했다. 즉 이후에 진행된 자기self 혹은 정체성identity에 관한 현대 심리학 연구에서는 '최적의 거리optimal distance'가 단지 물리적 공간뿐 아니라 심리적 차원에서도 그대로 적용된다고 보았다.(《한국인의 관계 심리학》, 권수영 지음, 살림 펴냄, 2015년)

몸에 힘을 주고, 낯선 사람과 어깨나 몸이 밀착되면 그 불쾌감에 그저 침묵으로 응수하는 수밖에 다른 도리가 없다. 어떤 이들은 남들은 다 타고 다니는데 왜 별나게 구는지 이해하지 못한다. 나는 지하철뿐 아니라 엘리베이터에도 약간의 공포심이 있다. 언제부터 지하철, 엘리베이터가 일상화되었는가? 불과 몇십 년 전만 해도 익숙하지 않던 환경에서 더러는 사람들이 짐짝처럼 취급되는 현상이 당연하다고 볼 순 없다.

그나마 버스를 타면 좌석도 마주 보지 않고 창밖을 볼 수 있기 때문에 시간만 허락한다면 나는 버스를 이용하는 것이다. 바쁠 땐 택시를 타거나. 그렇게 빈 좌석을 차지하고 창밖을 바라보면 이런 저런 아이디어가 떠오르기도 한다.

마이너를 주제로 글을 쓰면서 내내 머릿속에 떠오른 영화가 하나 있다. 톰 크루즈 주연의 〈마이너리티 리포트〉[2]다. 이 영화 속 사회는 미래에 일어날 범죄를 예방하기 위한 치안 시스템을 구축하고, 일명 예언자로 선별된 3명의 능력자가 범죄 가능성을 예측해 사전에 범죄자를 찾아내고 그들을 강제로 사회로부터 격리한다. 처음에는 이런 시도가 상당히 효과가 있는 것으로 보였지만, 결국 시스템은 누군가에 의해 조작되고 주인공은 범죄자를 잡는 사람에서 미래의 범죄자가 되어 쫓기는 신세가 되어버린다.

이 시스템의 치명적 오류는 인간의 판단과 결정이라는 것이 완벽하지 않다는 점을 비유적으로 보여주는 것일 수 있다. 아무리 좋은 시스템도 그것을 운영하는 사람이 누구냐에 따라 달라질 수 있다. 영화는 누군가의 악의적 의도로 억울하게 누명을 쓴 주인공이 결국 자신이 몸담았던 시스템을 파괴하는 역설적 상황을 이끌어낸다.

인간은 사회를 만들고 사회는 끊임없이 규칙과 규제를 만들어 사람들을 그 체제 안에 묶어두려 한다. 그리고 그 흐름에서 벗어나려는 자들을 이탈자나 낙오자로 간주하고 배제하려 한다. 마치 이물질을 걷어내듯이. 그러나 체제는 언제나 융통성 있게 변화해야 하고, 시대와 상황에 따라 적응하고 진화해야 한다. 그렇지 않으면 극단적이고 악의적인 결과를 도출할 수 있다. 범죄의 문제든,

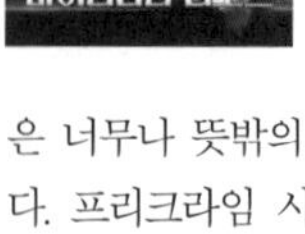

2. 〈마이너리티 리포트Minority Report〉
(**감독** 스티븐 스필버그 **주연** 톰 크루즈, 2002년 개봉)
2054년 워싱턴, 범죄를 예측해 사전에 범죄자를 처단하는 최첨단 치안 시스템 프리크라임은 범죄가 일어날 시간과 장소, 범행을 저지를 사람을 미리 예측하고, 이를 바탕으로 미래의 범죄자를 체포한다. 프리크라임 팀장 존 앤더튼은 미래의 범죄자를 추적하는 능력을 인정받는다. 그러던 어느 날, 시스템은 너무나 뜻밖의 살인을 예견한다. 바로 앤더튼이 미래의 범죄자로 지목된 것이다. 프리크라임 시스템은 앤더튼을 처단하기 위해 가동되고, 앤더튼은 살인자로 예견된 자신의 미래를 바꾸기 위해 직접 미래의 피살자를 찾아 나선다.

사회적 약자나 소주자의 문제든 시대에 따라 그 기준이 변화해왔고, 그 기준은 완벽하지 않고 수정 보완할 필요가 있다.

마이너리티minority는 '소수'를 의미하고 더러는 부족하다는 뜻으로 이해하기도 하는데, 종종 루저라는 의미와 비슷한 개념으로 쓰이기도 한다. 루저loser는 패배자나 범죄자라는 의미를 포함하고 있다. 사실상 다수는 소수에 비해 막강한 권력을 갖게 되고 소수자는 여러 형태로 손해를 봐온 것이 사실이기 때문이다. 그러나 시대가 변해 소수자도 자신의 권익을 위해 목소리를 높일 수 있는 기회가 주어지고 있다. 또 소수자가 약자라는 근거도 없다. 인류의 역사를 통틀어 부와 권력은 어떤 특정 소수자에게 주어져왔고, 이것만 보더라도 소수자가 힘없고 약한 존재라고는 할 수 없다. 이렇듯 메이저와 마이너는 주류와 비주류, 혹은 부와 힘의 유무에 따라 분류할 수도 있다.

이에 우리는 프랑스 철학자 미셸 푸코[3]의 '철학'을 살펴볼 필요가 있다. 푸코는 주류에 속하지 못하는 광기에 대한 글을 박사 논문으로 발표했는데 이는 당시 기존 권위에 대한 도전과 사회적 약자에 대한 관심이 팽배해 있던 프랑스혁명의 핵심 사상과 맞물려 있었고, 그래서 푸코의 《광기의 역사》는 가장 전복적이고 도발적인 책으로 각광받게 되었다. 푸코의 일련의 철학 사상과 포스트모더니즘은 이성에 의해 배제되어왔지만 역사적으로 우리 일상생활에 포함된 '평범함'에 대한 관심이며, 이를 통해 드러나는 저항의 역사와 관련되어 있다.[4] 푸코는 이 책을 통해 '광기'라는 것이 어떻게 이성화·합리화의 과정을 거쳐 배제되어왔는지 역설한다.

광기는 근면하고 노동을 중시하는 부르주아계급 이데올로기의 관점에서 볼 때 나약함, 게으름, 불성실함, 취약한 통제력 등으로 대치되기 때문에 어떤 식으로든 사회로부터 분리해 통제해야 했다는 것이다. 그래서 광기를 통제력이 약하고 스스로 존재할 수 없는 것으로 규정할 필요가 있었다.

17세기 고전주의 시대에 이르러 유럽 문명이 갑자기 광인들을 수용 시설에 가두는 등 광기를 사회에서 배제했는데, 이때 정상과 비정상을 가르는 기준이 바로 '이성'이었다. 의도적이든 아니든 이런 현상은 역사 속에서 무수히 발견할 수 있다. 자신과 다른 사람,

---

3. 미셸 푸코Michel Foucault(1926년 10월 15일~1984년 6월 25일). 프랑스 철학자로 《광기의 역사》, 《성의 역사》, 《감시와 처벌》 등의 저서를 통해 권력의 실체를 파악하고자 노력했다. 정신의학, 의학, 감옥의 체계에 대한 비판과 성의 역사에 대한 담론으로 널리 알려졌다. 또 권력과 지식의 관계에 대한 이론과 서양의 지식 역사에 관한 담론을 다루는 그의 사상은 큰 반향을 불러일으켰다.

4. 〈Sandy Skoglund 사진 속에 나타난 복제 조형물의 이미지 읽기: 미셸 푸코의 권력과 감시 그리고 광기를 중심으로〉, 지승학 석사 논문, 홍익대학교, 2003년.

소수자에 대한 편견, 그리고 그들을 억압하고 배제하고자 한 노력은 어제오늘의 일이 아니라는 것이다. 그들은 여성이거나 동성애자거나 사회적 금기를 어긴 이탈자거나 다른 사람과 차별되는 특별한 능력을 지닌 사람이었다. 그렇다면 이성과 비이성, 정상과 비정상, 주류와 비주류를 어떻게 구분할 수 있을지 그리고 인위적으로 구분할지언정 그것이 통제와 규제 또는 배제의 명분으로 충분한가 하는 의문이 남는다. 궁극적으로 비이성과 비정상, 비주류는 개인적으로나 사회적으로 해악을 끼치는가의 문제로 귀결된다. 과연 그런가?

따라서 마이너리티에 대한 구체적이고 명확한 정의가 필요하다. 그 이유는 관점에 따라 메이저가 될 수도, 아닐 수도 있기 때문이며 분명한 근거도 없이 스스로 소수자, 즉 마이너라고 생각하며 살아가는 많은 사람들이 있기 때문이다. 문제는 우리 사회는 지나치게 치열한 경쟁 속에서 그저 평범하게 살아가는 사람들조차 자신에게 뭔가 문제가 있는 것처럼 여기고 마이너를 자처한다는 점이다. 우리는 대부분 그저 '평범하게 살기를 바라는 평범한 사람' 일 뿐이다. 그러나 그 '평범'이라는 것이 맹목적인 것이어서는 안 된다. 남들처럼 남들이 다 하는 것을 따를 것이냐, 자신의 주관을 따를 것이냐가 문제의 핵심이다. 요즘처럼 정보가 넘쳐나는 시대에는 평범하게 사는 것이 어쩌면 가장 힘든 일일 수도 있다. 그래서 평범하게 살기 위해 맹목적인 평범함을 거부해야 하는 아이러니에 봉착하게 된다.

나는 개인적으로 맛집이나 맛집 관련 프로그램을 보지 않는다. 미각은 인간의 가장 원초적인 감각이다. 그런데 누군가 어디가 맛집이고, 그 집에서 어떤 음식을 어떻게 먹어야 한다는 것까지 알려줘야 우리가 그 음식의 맛을 즐길 줄 알게 되는가? 내 입맛에 맞고 안 맞고는 내가 결정하는 것이다. 그래서 때론 이런 불필요한 정보로부터 자신을 보호하기 위해 과감히 단절하고 결별할 수 있는 용기가 필요하다.

한편으로 우리는 우리 사회에서 발생하는 많은 사건과 구성원에 대해 좀 더 열린 마음으로 바라볼 필요가 있다. 그리고 스스로에 대해서도 객관적이고 합리적인 눈으로 바라볼 수 있어야 한다. 다름을 인정하지 않고 배척하거나, 그런 논리에 무비판적으로 동조해 스스로 부족한 존재로 여긴다면 우리의 감각과 이성은 마비된 것이나 다름없다.

이 책은 우리 주변 사람들의 이야기일 수 있고, 한편으로 내 이야기일 수도 있다. 우리는 미완의 모습으로 태어나 점점 더 완벽한 인간이 되기 위해, 성숙한 인간이 되기 위해 노력하는 것이 진리라고 생각하며 살아왔다.

스스로 마이너리티의 포지션을 취하고 있다면, 부족하다고 느낀다면 앞으로 성장할 기회가 더 많다는 반증일 수 있다. 당신은 사랑받을 가치가 충분하고 행복해질 권리가 있으며 당신의 진정한 친구이자 지지자는 바로 당신이라는 것을 잊지 말았으면 좋겠다.

2018년 6월 이른 여름,
어느 한낮에

결정 장애는 장애가 아니다

"세상에서 가장 중요한 일은 어떻게 하면
자기가 완전히 자기 자신의 주인이 될 수 있는지 아는 것이다."
– 몽테뉴 《명상록》 중

오늘 점심은 뭐 먹지?

취업 포털 사람인이 성인 남녀 2,148명을 대상으로 '평소 결정장애를 겪는지' 여부를 조사한 결과, 70.9%가 '그렇다'고 답했다.

결정하기 어려운 상황으로는 '선택 결과를 예상하기 어려울 때'(50.9%, 복수 응답)가 1위를 차지했고, '잘 모르는 것을 선택해야 할 때'(50.8%), '인생에서 중대한 사항일 때'(43.7%), '선택의 폭이 너무 넓을 때'(32.6%), '선택 결과가 타인에게도 영향을 미칠 때'(27.1%), '상대가 원하는 답과 나의 의사가 다를 때'(25.5%) 등이 있었다.

결정하기 어려운 이유로는 '최선의 선택을 놓칠까 봐 우려돼서'(72.6%, 복수 응답)를 첫 번째로 꼽았다. 다음으로 '원하는 것이 너무 많아서'(25.7%), '선택의 폭이 너무 넓어서'(25.5%), '타인을 배려하기 위해서'(18.7%), '파급 효과가 너무 커서'(16.9%) 등이 있었다. 결정장애를 겪는 응답자의 78.4%는 적시에 결정을 내리지 못해 기회를 놓치는 등의 손해를 본 경험이 있는 것으로 나타났다.

결정장애가 나타나는 원인으로는 전체 응답자의 39.6%(복수 응답)가 '책임을 두려워하는 개인적 심리로 인해서'를 택했다. 다음으로 '손해 보는 걸 싫어하는 개인의 욕심이 커서'(38.5%), '남들의 시선을 너무 의식해서'(36.4%), '정보가 너무 많아 그중 걸러내기 힘들어서'(35.9%), '취업난 등으로 실패를 두려워해서'(33.1%), '부모에게 의지하던 습관이 굳어져서'(12.2%) 등의 순이었다.(《이데일리》, 2017년 4월 7일)

많은 사람이 스스로 결정을 내리지 못해 어려움을 겪고 있고, '결정장애'라는 키워드가 사람들에게 보편화되어 회자되고 있다는 것이 의문스럽다. 이런 결정장애는 바쁘고 복잡하며 경쟁적인 과잉 정보 시대에 살고 있는 현대인에게 어쩌면 당연한 현상일지도 모른다. 먹거리는 물론 생활용품이나 그 밖의 물자가 부족한 시대에는 상상하기 어려운 현상이기 때문이다. 게다가 매스미디어는 우리에게 무언가를 선택하도록 조장하기도 한다. 어떤 사람은 하고 싶은 것이 너무 많아서, 또는 사고 싶은 것이 너무 많고 가고 싶고 먹고 싶은 것이 많아서 고민한다. 그것이 결정을 내리지 못하는 이유가 되기도 한다.

사실 필요 없고 더러 자신과 아무 관련도 없는 것 때문에 고민하기도 한다. 남들은 다 하는 건데 나도 해봐야 하지 않을까 불안해하기도 하고, 다른 사람은 어떤 선택을 할까 궁금해하며 결정을 유보할 수도 있다. 어떤 사람은 식탐이 많아 결국 다 먹지도 못할 거면서 이것저것 주문하고 많은 음식을 남기기도 한다. 이런 경우 우선순위를 정해야 한다. 자신이 가장 하고 싶은 것이 무엇인지 순위를 정해 그중에서 선택하고 나머지는 차후에 하는 연습이 필요하다. 그리고 시간이 지나면 이 많은 것에 대한 욕망이 부질없음을 깨닫게 된다. 예를 들어 먹고 싶은 게 너무 많아 고민이라면 음식점에서 주문할 때 가장 먹고 싶은 것을 먼저 먹고 나서 추후에 주문하거나, 사고 싶은 것이 너무 많다면 리스트를 적어놓고 우선순위대로 구매한 후 나머지는 시간을 두고 고민해보는 것이다. 대부분은 시간이 지나면 구매 욕구가 떨어진다. 반대로 어떤 사람은 하고 싶은 것이 없어서 결정을 내리지 못할 수 있다. 다음의 예를 보자.

나는 20대 후반 여성이다. 오늘도 여느 때와 다름없이 출근을 했다. 어제도 늦도록 잠을 자지 못했다. 아침인데도 날이 더워 몸이 나른하고 축축 처지는데 그 무거운 몸으로 힘들게 일어나 아침도 못 먹고 회사로 향했다.

점심때가 되자 배에서 신호를 보낸다. 다들 하던 일을 멈추고 점심을 먹으러 움직인다. 동료들은 뭘 먹을지 결정한 모양이다. 그런 그들을 따라나섰다. 입맛은 없지만, 오늘 하루를 버티려면 점심을 잘 먹어야 한다.

'그런데 오늘 뭐 먹지?'

나는 아무래도 결정장애가 있는 것 같다. 순간순간 결정을 내려야 하는데 그때마다 어떻게 해야 할지 몰라 결정을 내리지 못하고 다른 사람 눈치를 보게 된다. 특히 여럿이 점심 식사를 하러 갈 때 그렇다. 뭘 먹어야 할지 모르겠고, 괜히 나서서 뭐 먹자고 했다가 사람들이 싫어할 수도 있고 해서 대체로 다른 사람의 의견을 따르게 된다. 가끔은 자유롭게 원하는 것을 말하는 동료들이 부럽다.

어떤 결정을 내리는 것, 즉 자기 결정self-determination을 하는 행위는 삶의 주체로서 외적인 영향력과 침해로부터 자신의 삶을 보호하는 결단을 내리는 행위이자 능력이고 일상생활의 문제를 해결하는 기술이다.

결정장애는 선택의 갈림길에서 어느 한쪽을 결정하지 못하고 괴로워하는 심리 상태를 일컫는 신조어다. 그런데 이 결정장애라는 용어는 공식적인 진단명이 아니라는 점에서 혼동을 준다. 과연 결정을 내리지 못하는 것이 장애에 해당하는지 여부다. 장애, 즉 진단명으로 명백해지기 위해서는 다년간 축적된 연구를 통한 검증이 필요하다. 예를 들어 '도박 중독'은 물질 중독 장애 중 비물질 중독 장애로 분류되고 있다(DSM-5 기준).[5]

그러나 '게임 중독'이나 '쇼핑 중독' 등은 아직 이 범주에 포함되지 않았다. 장애로 보기에는 아직 그 근거가 부족하다는 이유에서다. 더 많은 사례 연구를 통해 보다 면밀한 기준을 마련해야 한다. 예를 들어 단순히 게임을 많이 한다고 장애로 규정한다면 프로게이머나 게임 개발자는 이에 해당하는지 여부가 불분명해진다. '도박'은 그 자체가 불법이지만 게임은 단순한 놀이부터 불법적 요소까지 그 스펙트럼이 다양하다.

5. 임상에서 정신과 환자의 진단을 위해 사용하는 공식적 진단 편람으로 DSM (Diagnostic and Statistical Manual of Mental Disorders, American Psychiatric Association)이 있다. 현재 DSM-5가 최신 정신장애 분류 체계로 사용되고 있다.

이처럼 단순히 결정을 내리지 못하는 것이 장애가 될 순 없지만, 어떠한 이유든 결정을 내리는 것이 힘들어 일상생활에서 곤란을 겪을 수는 있다. 위의 예처럼 점심 메뉴를 정하지 못해 고민하고 늘 다른 사람의 결정에 수동적으로 끌려다닌다면, 한 번쯤 이런 생각을 할 수도 있다.

'나한테 무슨 문제가 있나? 다른 사람들은 쉽게 결정을 내리는 것 같은데…….'

다른 사람들은 쉽게 결정하는데, 왜 나는 그렇지 못한가

여기서 문제는 '다른 사람들은 쉽게 결정하는데, 나만 그런가?'라는 생각의 오류다. 나와 다른 사람들을 충분한 근거 없이 비교해 스스로 더 작고 초라하게 만드는 것이다. 다른 사람들은 도대체 누구를 지칭하는 것이며, 그 사람들이 쉽게 결정한다는 근거는 무엇인지 생각해볼 필요가 있다. 다른 사람들, 주변 사람들이 당신보다 쉽게 결정한다고 느낀다면 적어도 그들은 자신의 욕구를 당신보다는 잘 감지한다는 의미일 수 있다.

중국집에 가서 음식을 시킬 때 짜장면과 짬뽕을 놓고 한 번쯤 고민해봤을 것이다. '짜장면을 먹자니 짬뽕이 먹고 싶고, 짬뽕을 먹자니 짜장면이 당긴다.' 한번은 직장에 다닐 때 다른 사람들이 짜장면을 시키길래 배려 차원에서 짬뽕을 주문했는데, 막상 음식이 나오자 아무도 짬뽕을 먹지 않았다. 나도 짜장면이 먹고 싶었지만, 누군가는 짬뽕을 시켜서 나눠 먹으면 좋겠다는 생각은 완전히 빗나갔다. 게다가 짬뽕은 맛도 없고 맵고 짜기만 했다. 다른 사람들에게 먹어보라고 권유했지만 됐다면서 자기들 배 채우기에 바빴다. 나도 내 욕구를 먼저 생각했어야 했다. 내가 남달리 배려심이 깊다는 말은 아니다. 다만, 이런 단순한 결정도 머뭇거린다면 평소 타인의 눈치를 많이 살피고 아주 사소한 것조차 스스로 선택해본 경험이 부재한 경우일 수 있다.

드라마 〈응답하라 1988〉[6]의 주인공 덕선의 말이 떠오른다.

"아빠, 나는 사실 하고 싶은 것이 없어. 다른 애들은 하고 싶은

6. 〈응답하라 1988〉
(**극본** 이우정 **연출** 신원호)
2015년 11월 6일부터 2016년 1월 16까지 방영한 드라마로 〈응답하라〉 시리즈의 세 번째 작품이다. 서울 도봉구 쌍문동의 어느 골목을 배경으로 그곳에서 함께 자란 소꿉친구 5명의 우정과 사랑을 그렸다.

게 있는데, 나는 없어. 그래서 그 애들이 부러워."

이 말을 듣고 가슴이 아려왔다. 어려서부터 '이게 좋아, 저게 좋아?', '뭐 하고 싶어?'라고 물어 선택할 기회를 주었다면, 그리고 그 선택을 존중해주었다면, 실수를 하더라도 기다려주었다면 자신 있게 의견을 피력할 수 있었을 것이다. 그런 과정 없이 갑자기 선택하라고 하면 할 수가 없다. 요즘은 거의 한 자녀만 낳아 기르다 보니 부모가 과잉보호를 하는 것이 문제다. 모든 것을 부모가 선택하기 때문에 성인이 되어서도 아무것도 결정하지 못하는 경우가 종종 있다. 그러면서 한편으로 아이들이 주체적이고 독립적이지 못하다며 걱정한다. 그렇다고 갑자기 선택하라고 강요하면 아이들은 대개 당황하기 마련이다. 아이들에게는 너무 광범위하게 물어볼 것이 아니라 두세 개 정도의 선택지를 주어 보다 쉽게 선택할 수 있도록 도와야 한다. 그리고 그 선택과 결정에 대해 책임지는 습관도 함께 길러주어야 한다.

이런 선택과 결정을 해보지 않고 늘 남의 선택이나 결정을 따른 사람은 자신의 욕구에 둔감해질 수밖에 없다. '어차피 말해봐야 소용없다'는 좌절감이 내재해 있기 때문이다. 그래서 스스로 무엇을 좋아하는지 모르는 것처럼 느껴진다. 그러나 모르는 것이 아니라, '말해봐야 소용없다. 그럴 바엔 말하지 않겠다!'라고 결정하고 봉인해버린 것이다. 그렇기 때문에 그런 자신을 탓할 것이 아니라 '아, 내가 그동안 스스로 선택하고 결정하지 못하는 삶을 살아왔구나!' 인정하고, 스스로에게 미안하다고 말해줄 필요가 있다.

〈응답하라 1988〉의 주인공 덕선은 울면서 이렇게 말한다.

"나 콩자반 안 좋아해. 왜 언니하고 동생은 챙기고 나만 맛없는 콩자반 주고, 왜 나만 생일 안 챙겨주냐고. 나도 계란 프라이 좋아한다고!"

나의 경우 어려서부터 선택권이 주어지지 않았다. 아버지는 엄했고 언니와 남동생에 비해 나의 지위는 한없이 낮았다. 늘 남는 것이나 가장 볼품없는 것이 내 차지가 되었고 나의 의견을 묻는 일도 없었다. 나는 부지불식간에 착한 아이로 오해되면서 자기주장 없이 조용히 살고 있었다. 그러던 어느 날, 옆집 아주머니가 집에 놀러 와서 엄마가 담근 김치를 맛보면서 이런 말을 한 것이 기억난다.

"난 신 김치를 좋아하는데, 이 김치는 덜 익었는데도 맛있네."

지금까지 뭘 좋아하는지조차 모르고 그저 시키는 대로 살아온 나에게 '나는 신 김치가 좋다'라는 말은 해머로 머리를 맞은 것과 같은 충격이었다.

'아, 신 것이든 아니든 중요한 것은 내가 뭘 좋아하는지 아는 거구나!'

불필요한 희생이나 배려는 이제 그만!

쉽게 결정하지 못하는 사람들은 '다른 사람을 배려하는 차원에서 선택하지 않는 것'이라고 종종 말한다. 자신의 의견을 피력하지 않고 상대의 의견을 따르거나 자신의 욕구를 억제하고 양보하는 것을 배려와 같은 의미로 생각하는 것 같다. 그러나 상대의 입장에서 '배려를 받는다'고 느껴야 진정한 배려가 될 수 있다. 자신은 남을 배려하느라 먹고 싶은 것도, 하고 싶은 것도 참았는데 상대가 그것을 모른다면, 그 사실을 알게 된다면 상대에 대해 서운함을 느낄 수 있다. 그래서 가까운 사람들이 서로의 마음을 이해하지 못해 종종 갈등을 빚는 것이다.

예를 들어 친구나 연인과 함께 영화를 보거나 음식을 먹으러 갈 때, 어느 한쪽이 물을 수 있다. "어디 갈까?" "뭐 볼까?" "뭐 먹을까?" 그때 "글쎄, 아무거나"라고 답한다면 그게 상대에 대한 배려일까? 사실은 상대에게 자신의 권리와 의무를 모두 미루고 그 결정에 따르겠다는 것이다.

그렇게 되면 상대는 혼자서 모든 걸 선택하고 결정해야 하는 부담감을 안게 된다. '그 선택과 결정이 상대의 마음에 들지 않는다면 그에 대한 불평불만도 감수해야 하는 걸까?' 하는 생각에 화가 치밀 수도 있다. 실제로 결정을 미루는 사람들은 종종 이렇게 말한다. "나는 하자는 대로 따라갔는데, 그렇게 배려를 했는데, 당신은 당신이 하고 싶은 대로 해놓고 왜 화를 내느냐"고 말이다.

이런 경험을 통해 '내가 한 배려가 배려가 아닐 수 있겠구나' 느낀다면 결국 상당수의 사람은 이런 선택을 하지 않게 될 것이다. 당신은 어쩌면 불필요한 희생을 해왔을 수 있고, 상대에게 좋은 인상을 주고 싶은 목적 또한 전혀 달성하지 못했을 수 있다. 그러므로 상대에 대한 배려가 목적이라면, 상대의 의견을 묻고 조율하는 과정이 필요하다.

신중함인가, 우유부단함인가

데이트 코스를 선택하거나 메뉴를 정하거나 옷을 고르는 문제와 결혼이나 직장을 결정하는 문제를 같은 선상에서 비교할 수 있을까? 얼마 전 인터넷 기사 중 이런 제목이 눈에 들어왔다. '책 띠지를 버릴까, 말까? 나만 고민할까?' 이런 사소한 것까지 고민하며 살아야 하는지 의문이 생겼지만, 곰곰이 생각해보니 예전에 책이 귀한 시절엔 책 띠지조차 버리지 않았던 기억이 난다. 물론 지금은 아니다.

이처럼 소소한 고민을 하며 결정을 내리지 못하는 것은 우유부단함에 가깝고, 후자의 경우는 신중함에 가깝다. 어떤 문제든 장점과 단점이 공존하기 마련이다. 그러니까 결정을 미루고 쉽게 선택하지 못하는 것이 어떤 경우에는 답답하고 지리멸렬해 보일 수 있지만, 생각 없이 선택하고 결정하는 것에는 위험이 따를 수 있고 복잡하고 중요한 문제일수록 신중을 기할 필요가 있다.

신중함은 심사숙고하고 조심성 있는 태도를 의미한다. 한 번 더 생각하면 보다 나은 결론에 도달할 때가 많다. 어떤 선택이나 결정을 해야 할 때 그때는 최선이라고 생각했지만 지나고 나서 후회한 순간이 누구나 한 번쯤은 있을 것이다. '그때 좀 더 기다리고 참았으면 좋았을걸' 하고 말이다.

이런 신중함이나 심사숙고하는 태도와 반대되는 것이 그냥 쉽게 좋은 게 좋은 것이라는 식으로 대충 일을 처리하거나 그때그때 순발력 있게 대응하는 임기응변식 대처다. 또는 아무 생각 없이 충동적인 행동으로 표출하는 것이다. 어려서부터 말썽을 많이 피운 비행 청소년이나 반사회성 성격 특성을 가진 경우 이런 행동을 보이는 경우가 흔하다. 따라서 어려서부터 심사숙고하는 능력을 길러주어야 한다. 그러나 사소한 일에 집착하고 아주 작은 결정도 내리지 못하는 경우 인지적으로나 심리적으로 문제가 있는 것은 아닌지 살펴볼 필요가 있다. 너무 우울하거나 불안하거나 강박적인 경우에 이런 현상이 많이 나타난다.

너무 우울하면 아무것도 할 수 없는 상태가 되어버린다. 의욕을 잃고 판단력이 흐려지기 때문에 선택을 하거나 결정하는 것 자체가 어려울 수 있고, 불안감도 심해져 자신이 잘못된 선택을 할 수 있다는 생각에 어떤 결정도 내리지 못한다. 앞서 언급한 20대 여성의 경우 '밤에 잠을 자지 못하고 몸이 무겁고 처진다'는 이야기로 미루어보아 우울이 의심된다. 이런 경우 식욕이 저하되어 입맛이 없을 수 있고, 에너지가 고갈되고 주의력이 분산되어 사소한 결정조차 하지 못할 수 있다. 이런 문제가 지속된다면 전문가를 찾아 상담하는 것이 좋다.

강박 성향이 있는 사람들도 좀처럼 결정을 내리지 못하는데, 이들을 대상으로 심리검사를 하면 주어진 예시 중 선택하는 것조차 힘겨워한다. 예를 들어 '나는 종종 욕을 하고 싶을 때가 있다'라는 문항에 '예', '아니오'로 답해야 하는 경우에도 좀처럼 선택을 하지 못한다. '종종'이 얼마나 자주를 말하는지 그 빈도가 불분명하기 때문이라는 것이다. 자신은 자주 그런 충동을 느끼니 '종종'은 맞는 단어가 아니라면서 응답을 거부하기도 한다.

중요한 것은 이런 일련의 행위가 얼마나 생산적이고 합리적이며 기능적인지 따져보는 것이다. 가끔이라도 욕을 하고 싶다면 '예'와 '아니오' 중 '예'에 해당한다. 질문의 요지를 포괄적으로 이해하면 어려울 것이 없다. '가끔'과 '자주'는 다르다면서 이런 지엽적인 부분에 매달리면 본질이 왜곡될 수 있다.

누구나 화가 나면 욕을 하고 싶을 수 있다. 여기서 '자주'냐, '가끔'이냐는 중요한 문제가 아닐 수 있다. 당신이 결정을 내리지 못하고 주저하는 이유가 무엇인지 여러 관점에서 따져보라.

"인간은 갈대, 즉 자연에서
가장 약한 것에 지나지 않는다.
그러나 인간은 생각하는 갈대다" - 파스칼

쉽게 결정을 내리지 못하고 타인의 눈치를 보는 것은 인간의 생존을 위한 방편일 수 있다. 겁 없이 나대다 큰코다칠 수 있기 때문이다. 이미 여러 실험을 통해 때론 인간이 얼마나 비합리적인 선택을 하는 존재인지 증명되었다. 그래서 심리학자 앨버트 엘리스는 "인간은 스스로 합리적이라 생각하는 비합리적인 존재"라고 했다.

강의 의뢰가 들어와 광주에 간 적이 있다. 마침 배가 고팠고, 터미널 근처에서 음식점을 찾기 시작했다. 공교롭게도 설렁탕집 간판 2개가 나란히 걸려 있었다. 메뉴는 비슷했고, 일행과 나는 잠시 두 식당을 비교해보았다. 한 집은 사람들로 북적였고, 다른 곳은 한산했지만 새로 개업했는지 실내가 쾌적해 보였다.

나와 일행은 사람이 없는 깨끗한 식당을 선택했다. 전라도 음식은 워낙 맛있기로 소문나 있으니 어디든 맛은 비슷할 것이라 믿었고, 새로 개업한 쪽이 아무래도 서비스가 좋을 것이라 생각했기 때문이다.

그런데 그런 예상은 보기 좋게 빗나갔다. 소고기국밥이라고 쓰여 있는 메뉴와 비빔냉면을 주문했는데, 소고기국밥은 소고기 몇 점과 파가 동동 떠다니는 맹물에 가까웠고, 비빔냉면은 그보다는 나았지만 조미료 맛이 너무 강했다.

그때 떠오른 생각은 바로 '동조 현상'이다. 어떤 음식점에 사람이 많은 데에는 다 이유가 있다.

비슷한 메뉴를 파는 두 식당이 있다고 하자. 하나는 A, 다른 하나는 B. 그런데 A 앞에는 사람들이 줄지어 서 있고 B에는 사람이 없다. 이럴 때 사람들은 대부분 주저하지 않고 A 식당을 선택한다. 이를 동조 현상이라고 한다.

그 이유는 A와 B 식당에 대한 정보가 없기 때문이다. 정보가 없을 때는 다른 사람들의 선택을 따르는 것도 하나의 방법이 될 수 있다. 그러나 동조 현상은 무언의 압력에 의해 일어날 수도 있다. 의사 결정을 할 때도 마찬가지다. 예를 들어 직장 상사가 점심을 산다 해서 동료들과 같이 중식당에 갔다고 치자. 평소 짠돌이로 유명한 상사가 짜장면을 선택하면 사람들은 하나같이 눈치를 보며 짜장면이나 짬뽕을 주문할 것이다. 눈치 없는 누군가가 탕수육을 주문하면 사람들은 그를 쏘아볼 것이다. 이런 일은 일상에서 종종 일어난다. 이때 짜장면이나 짬뽕을 시키라고 말한 사람은 없다. 그러나 분위기상 그런 압력이 있고, 그것을 감지한 이상 모르는 체하기란 쉬운 일이 아니다.

관련 실험 몇 가지를 소개한다.

동조 실험 1

사람들은 엘리베이터를 타면 대개 문 쪽을 바라보고 선다. 그런데 이상하게도 들어오는 사람들이 모두 문을 등지고 선다. 영문을 모르는 실험 대상자는 점점 몸을 돌려 다른 사람들과 마찬가지로 문을 등지고 선다.

동조 실험 2

이 실험은 피험자에게 질문하고 답하게 하는 것인데, 누가 봐도 정답은 B다. 너무 쉬운 문제에 피험자들은 웃음 짓지만, 실제 상황에서 그들은 정답을 말하지 못한다. 앞서 실험에 참가한 피험자가 모두 다른 답을 말했기 때문이다. 상당수의 피험자가 영문도 모른 채 앞서 대답한 피험자들(그들은 실제 실험의 내용을 알고 있는 조력자다)이 말한 대로 대답한다.

이를 통해 우리가 평소 하는 선택이나 결정이 얼마나 비합리적이고, 때론 자신의 의지와 상반되는 것인지 알 수 있다.

동조 실험 1-1

엘리베이터를 타는 사람들이 이상하게도 모두 문을 등지고 서 있다.

동조 실험 1-2

영문을 모르는 실험 대상자는 엘리베이터를 탄 후
점점 몸을 돌려 다른 사람들과 마찬가지로 문을 등지고 선다.

동조 실험 2-1

누가 봐도 정답은 B인데 모두 A라고 말한다.

동조 실험 2-2

영문을 모르는 실험 대상자는 앞서 대답한 사람들처럼 A라고 말한다.

밀그램 실험

누군가가 불법적 행위나 부당한 행위를 강요하면 당신은 어떤 선택을 할 것인가? 심리학자 스탠리 밀그램은 이런 의문을 품었다. 유대인 학살 같은 비극적이고 끔찍한 사건은 우리와 무관한 특정한 사람들의 문제일까?

누군가가 해서는 안 되는 행위를 시키고 그렇게 해도 안전하다고 말한다면 사람들은 그가 시킨 일을 할까? 물론 많은 사람이 하지 않을 것이라고 대답했다. 그러나 실험 결과는 정반대로 나타났다.

밀그램 실험에선 피험자들에게 다른 방에 있는 사람이 정답을 말하지 못할 경우, 전기 충격을 가하게 했다. 물론 실제 전기 충격은 없었고, 신음 소리는 녹음된 것이었다.

이런 사실을 알지 못하는 피험자들은 실험자의 지시에 따라 전기 충격의 강도를 높여갔다. 심지어 다른 방의 피험자가 고통스러워하는 것을 즐기는 사람도 있었다.

극소수의 사람만이 실험에 동조할 것이라는 밀그램의 예상은 빗나갔다. 40명의 참가자 중 약 70%인 26명이 실험자의 지시에 따랐다는 것은 놀라운 일이다. 그 후에도 비슷한 연구가 진행되었지만 결과는 크게 다르지 않았다.

밀그램 실험 1

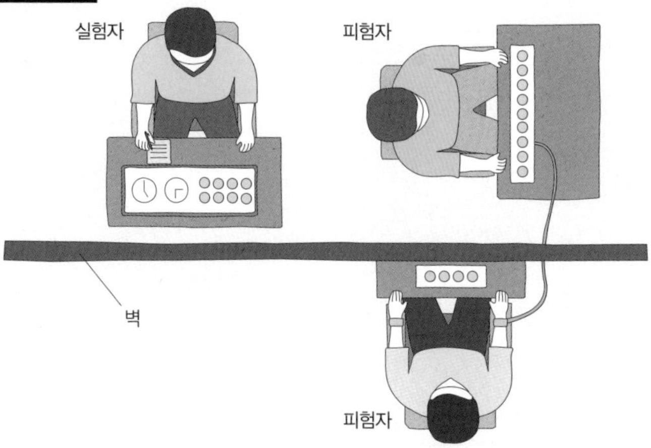

피험자들에게 다른 방에 있는 사람이 정답을 말하지 못할 경우,
전기 충격을 가하게 하는 실험을 했다.

밀그램 실험 2

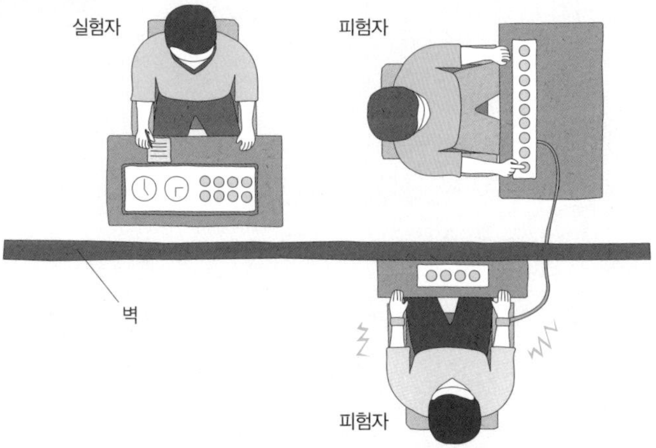

극소수의 사람만이 실험에 동조할 것이라는 밀그램의 예상과 달리,
40명의 참가자 중 약 70%인 26명이 실험자의 지시에 따라 전기 충격의 강도를 높여갔다.

사람들은 이런 상황에서 너무나 쉽게 자신의 권리나 선택을 포기하고 권위자의 지시에 따랐고, 자신의 도덕성이나 윤리성을 쉽게 포기하는 모습을 보였다.

이런 일련의 실험을 통해 우리가 생각해봐야 할 것은 무엇일까? '인간은 과연 자신의 자유의지에 따라 살아가는 존재인가?', '인간은 선한 존재인가?', '우리는 어떻게 살아가야 하는가?'와 같은 의문이다.

위의 동조 실험이나 복종 실험은 우리가 매 순간 선택하고 결정하는 모든 것이 우리의 순수한 의지의 발로가 아닐 수 있음을 의심해야 한다는 것, 즉 깨어 있어야 한다는 것을 보여준다. 그리고 인간은 사회의 분위기, 집단의 압력 등으로부터 자유로운 존재가 아니라는 점도 인식하고 받아들여야 한다. 그래서 관리 감독 시스템이 필요한 것이다.

그렇다고 우리가 맹목적으로 살아가는 존재는 아니다. 몇 년 전 〈밀그램 프로젝트〉[7]라는 영화가 개봉했는데, 이 영화를 보면 실험에 대해 의문을 제기하고 거부한 사람이 분명 있었다. 그리고 실험 참가자의 30%는 전기 충격을 가하지 않았다는 것을 기억할 필요가 있다.

20년 전 나는 무역 회사에 취업했다. 입사하고 나서 전 직원이 바닷가로 야유회를 간 적이 있다. 지방에 있는 작은 공장을 같이 운영하는 회사의 서울 본사에서 나는 국내외 업체에서 들어오는 주문을 받고, 송장을 보내주고, 신용장을 받는 등의 일을 맡아서 처리했다.

바닷가로 놀러 간다는 얘기에 바다를 보며 나름 휴식을 취할 것이라 기대했지만, 예상은 빗나갔다. 관광버스 두 대에 나눠 탔고, 버스가 출발하자마자 술판이 벌어졌다. 처음 보는 광경에 황당해하는데, 공장 직원으로 보이는 사람들은 술에 취해 이미 제정신이 아니었다.

세 시간 정도를 달려 바닷가에 도착한 후 숙소에 들어가 짐을 풀자마자 회의를 시작했고 바로 게임이 이어졌다. 평소 게임을 싫어하는 나는 어떻게 하면 이 자리를 벗어날 수 있을지 궁리하며

7. 〈밀그램 프로젝트Experimenter〉
(**감독** 마이클 알메레이다 **주연** 피터 사스가드, 위노나 라이더, 2015년 개봉)
1961년 밀그램 프로젝트를 둘러싼 흥미로운 이야기가 시작된다. 심리학자 밀그램은 인간이 권위에 얼마나 쉽게 복종하는지 보여주는 실험을 설계하고, 이후 놀라운 결과를 얻게 된다. 유명한 심리학 실험이지만, 영화를 통해 보다 자세히 알 수 있다.

적극적으로 임하지 않았다. 다행히 이미 만취한 사람들을 따돌리는 것은 어렵지 않았다.

숙소를 나와 바닷가를 거닐었다. 바닷가에 와서 술 마시고 게임만 하는 것이 이해가 되지 않아 그렇게 한동안 혼자만의 시간을 즐겼다. 그걸 부장님이 알게 되었고, 나는 불려가서 질책을 받았다. 개인행동 하지 말라는 경고를 받았지만, 나는 또다시 무리를 이탈해버렸다. 그러자 눈치만 보고 있던 젊은 직원들이 하나둘 나를 따라 나왔고, 결국 또 질책을 받았지만 그렇게 우리는 잠시 동안 자유 시간을 즐길 수 있었다.

아마 다른 직원들도 마음속으로는 나와 비슷한 생각을 하고 있었을 것이다. 그런데 상사의 눈치를 봐야 하고, 아무도 반기를 드는 사람이 없기 때문에 어쩔 수 없이 그 분위기에 동조하는 듯한 태도를 보였을 것이다. 그러다 누군가가 무리를 이탈하니 용기를 내서 이에 동조할 수 있었던 것이다. 나는 그 후 얼마 안 되어 직장을 그만두었다.

일방적인 복종과 응종을 요구하는 분위기를 도저히 용납할 수 없었고, 다른 사람들의 만류에도 불구하고 사표를 던졌다. 내 소신에 따라 살기 위해선 뭔가 나만의 무기와 도구가 필요했고, 누군가의 지시에 따라 수동적으로 끌려가는 삶은 원치 않았기에 지금도 그 선택을 후회하지 않는다. 어쩌면 그 시절의 경험이 내가 심리학자가 되는 데 일정 부분 기여했을 수 있다.

결정은 선택이고 선택에는 대가가 따른다

선택을 미루거나 타인의 의견에 맹목적으로 따르는 이유는 혹시 모를 손해나 위험을 감수하지 않겠다는 것이다. 예를 들어 진로를 선택할 때 부모가 원하지 않는 길을 강요하면 많은 자녀가 고민에 빠진다. '어떻게 해야 할지 모르겠다', '내가 뭘 하고 싶은지 모르겠다'는 것이다. 그래서 자신이 하고 싶은 것을 밀고 나갔을 때와 부모가 하라는 대로 했을 때의 장단점을 따져봄으로써 내면의 갈등과 고민이 무엇인지 인식하게 한다.

대부분 스스로 결정하지 못하고 부모의 의견을 따를 수밖에 없는 이유는 책임지고 싶지 않고, 부모의 의사를 따랐을 때 일정 부분 따라오는 안락감과 인정이라는 이득을 원하기 때문이다. 부모의 의견을 무시하고 자신의 생각을 밀어붙인다면 그만한 대가를 치러야 한다. 당연히 잘된다는 보장은 없다. 그럴 바에야 부모가

하라는 대로 하면 잘 안 돼도 욕을 덜 먹을 것이고, 잘되면 칭찬과 인정을 받고 그에 합당한 보상도 받을 수 있다는 것을 잘 알고 있다. 그러나 내가 아닌 누군가의 생각대로 살다 보면 그 인생의 주인공은 내가 아닌 다른 사람이 되어버린다.

모든 선택과 결정은 결국 당신의 몫이고, 그 결과가 좋든 나쁘든 그에 따른 책임도 당신에게 있다. 그러니 당신이 한 선택과 결정을 다른 사람의 탓으로 돌리는 건 옳지 않다. 그것만 기억한다면 어떤 선택이나 결정을 할 때 머뭇거리지 않게 될 것이다. 그 선택과 결정이 부메랑이 되어 당신에게 돌아올 것이고, 당신이 선택과 결정을 미루면 결국 누군가가 대신 해야 하므로 결코 남을 위한 배려가 될 수 없다. 당신은 그저 당신의 몫인 의사 결정을 누군가에게 미루고 그 결정에 대한 책임을 지지 않는 선택을 한 것일 뿐이다.

다만, 쉽게 선택하고 결정하지 못하는 이유를 먼저 곰곰이 따져보고 그에 따른 해법을 모색할 필요가 있다. 경험의 부족이나 강요에 의한 것인지, 우울이나 불안 또는 강박 때문인지 그 원인에 따라 대처 방법이 달라질 수 있고, 전문가의 도움이 필요할 수도 있다.

행복한 삶을 살기 위해서는 내면의 소리에 귀 기울이고, 가장

자기다운 방식으로 선택하고 결정하는 방법을 배우는 것이 중요하다. 무엇보다도 자기 자신의 주인으로서 스스로 존중하는 방법부터 배워야 한다.

정리정돈에 목숨 걸지 말라

"훌륭한 정신을 가진 것만으로는 충분하지 않다.
중요한 것은 그것을 잘 이용하는 것이다."

– R. 데카르트 《방법론》 중

나는 귀차니스트다

나는 30대 중반 여성이다. 옛말에 '일찍 일어나는 새가 벌레를 잡는다' 했고, 어려서부터 늘 부모님이나 어른들에게 일찍 일어나라, 부지런하게 살아라, 정리 정돈을 잘해라, 공부해라, 청소해라 등등의 말을 들으며 자랐다. 그래서 그런지 그 비슷한 말만 들어도 저항감이 고개를 드는 건 어쩔 수 없다. 부지런하고 바쁜 삶이 있다면 여유롭고 한가로운 삶도 필요하다. 쉼 없이 앞만 보고 달려가다간 언젠가 지쳐 쓰러질지도 모른다.

나는 일찌감치 숨 가쁘게 달리기만 하는 일상이 나에게는 맞지 않는다는 결론을 내렸다. 아침 일찍 일어나 출근 준비하고 버스를 타기 위해, 지하철을 놓치지 않기 위해 숨차게 달리고 달리던 기억이 나에게도 분명 있다. 출퇴근시간이 무려 서너 시간이나 되는 직장에 몇 년간 다닌 적도 있다. 게다가 직장에 다니면서 대학원 진학을 위해 쉬는 시간 없이 일하고 퇴근시간이 되면 뒤도 안 돌아보고 다시 버스와 지하철을 타기 위해 달렸다. 그렇게 집에 도착해 밥을 먹고 도서관으로 향했다. 가방에는 늘 무거운 책이 가득 차 있었고, 그것으로 모자라 양손에 책을 들고 늘 뛰어다녔다. 그것이 습관이 되어 버스만 보면 나도 모르게 달리게 된다. 그러던 어느 날, 이런 생각이 들었다. '이러다 길바닥에 쓰러져 죽겠구나!' 꿈을 좇아 열심히 사는 것도 좋지만 그러는 사이 나의 복지와 웰빙은 엉망이 되어 있었던 것이다. 나는 더 이상 정해진 시간에 출근하기 위해 분주히 움직이지 않는다. 주로 집에서 작업한다. 그렇다고 내가 한가한 것은 아니다. 10년째 주말도, 휴일도 없이 일하고 있다. 다만, 매일 정해진 시간에 일어나 정해진 스케줄에 따라 살지 않을 뿐이다. 그런 나를 누군가는 부러워하고 누군가는 게으름뱅이로 여긴다. 얼마 전 내가 일이 많다고 하소연하자 친구는 그 정도는 아무것도 아니라는 식으로 자기 남편 얘기를 했다. 그런데 일의 많고 적음을, 바쁘고 한가한 것을 일률적으로 평가할 수 있을까?

위의 사례처럼 나도 부지런한 삶, 여유 없는 삶을 추구하지는 않는다. 그런 의미에서 나는 귀차니스트다. 귀차니즘이란 용어가 언제부터 쓰였는지 정확히 알려지지는 않았지만, 만사가 귀찮아 게으름 피우는 현상이 고착화된 상태를 말하는 인터넷 신조어다. '귀찮다'라는 단어의 어간에 '주의'를 뜻하는 영어 접미사 '-ism'을 합성한 말이다.

사람들이 취미가 뭐냐고 물으면, 나는 주저 없이 '집에서 빈둥거리기'라고 말한다. 좀 한심해 보이는가? 그런데 사실이다. 나이를 먹어 특별히 가고 싶고, 먹고 싶고, 하고 싶은 것이 없어진 걸까? 나는 집에서 빈둥거리며 이 생각 저 생각에 빠지고, 가끔은 책을 읽거나 영화를 보면서 시간 보내는 것을 좋아한다. 그렇게 며칠 두문불출하면 집 안 꼴이 엉망이 되어버린다. 그렇게 시간을 보내다 가끔 외출하면 기분이 좋아진다. 일하는 시간도 새롭고, 살아 있다는 느낌이 들기 때문이다. 가끔은 청소도 하고, 정리 정돈도 하고, 사람도 만나야 한다.

정리 정돈은 필요하다

정리 정돈의 의미는 '整(가지런할 정), 理(다스릴 리), 整(정돈할 정), 頓(가지런히 할 돈), 즉 가지런히(整) 다스려(理) 가지런히(頓) 정돈하는 것(整)'이다.

정리 정돈이 왜 필요한지 생각해보자. 오랜만에 마트에 가서 한 달간 먹을 음식을 사가지고 왔다고 하자. 아니면 인터넷 쇼핑을 통해서든. 그렇게 구입한 돼지고기, 소고기, 오징어, 쌀, 야채, 과일 등을 냉장고와 냉동고에 집어넣는다. 그런데 바쁘다고 아무 데나 넣어두면 나중에 찾을 때 시간이 많이 걸릴 것이다. 게다가 속이 보이지 않는 검은색 비닐봉지에 싸인 채로 집어넣는다면? 누구나 이런 경험이 한 번쯤은 있을 것이다. 특히 냉동고를 정리하기 위해 안에 들어 있는 음식을 꺼내면 구석에 검은색 비닐봉지에 싸인 것이 보이고, 그것을 꺼내보면 언제 샀는지도 모르는 고깃덩어리가 꽁꽁 얼어붙어 있다. 도대체 언제 산 것인지 알 수가 없어 먹어야 할지, 버려야 할지 고민하게 되는 그런 경험 말이다. 정리 정돈을 하는 것은 필요할 때 그것을 바로 꺼내 쓰기 위해서다. 물론 최근에는 안에 어떤 음식이 들어 있는지 알려주는 기능을 갖춘 냉장고가 등장하기도 했지만.

다른 예를 들어보자. 도서관에 있는 수많은 책을 분류해 잘 정리해놓지 않으면, 어떤 책이 어디에 있는지 찾기 어려울 것이다. 그래서 도서관에 가보면 책을 문학, 예술, 철학, 심리학 등의 카테고리에 따라 분류해놓고 누구나 쉽게 찾을 수 있게 하는 것이다. 우리는 어려서부터 비슷한 것을 한 범주로 묶어 분류하는 방법을 수업을 통해 배운다. 그것이 여러 가지 측면에서 효율성이 높기 때문이다.

정리 정돈을 하는 것은 불필요한 것을 버리고 비워내기 위함이기도 하다. 우리는 일정 시간 쌓인 먼지와 쓰레기를 청소함으로써 물리적 공간을 확보하고, 위생과 청결을 유지한다. 정리 정돈은 심리적으로 비워내고 해소하는 역할도 한다. 잘 생각해보면 우리가 청소나 빨래를 하고 나서 느끼는 개운함은 이런 이유 때문일 것이다. 깨끗이 정리된 주방과 거실 그리고 베란다에 가지런히 널린 빨래를 바라보고 있으면 그것만으로도 심리적 안정감을 느낀다. 그래서 우리에겐 정리 정돈을 통해 비워내는 시간이 필요하다. 문제는 그 빈도와 정도다.

수년 전에 아는 사람과 동업을 한 적이 있다. 평소 깔끔하고 정리 정돈을 잘하는 성격이라 정반대 성격인 나와 잘 맞을 수도 있겠다 싶어 결정했는데 결과는 생각과는 달랐다. 그는 매일같이 청소를 해야 하는 사람이었다. 바닥 청소는 물론 쓰레기통도 매일 비우고, 물건도 늘 일정한 곳에 있어야 했다. 당시 사무실은 신발을 벗고 슬리퍼를 신어야 하는 구조였는데, 슬리퍼도 잘 포개서 신발장 안에 넣어두어야 했다. 그렇게 하지 않으면 늘 내 책상 위에 청소와 정리 정돈에 대해 쓴 장문의 편지가 놓여 있었고, 회계장부에서 10원만 차이가 나도 난리가 나서 공금을 써야 하는 경우 웬만하면 그냥 사비로 충당하기도 했다. 시간이 흐를수록 점점 숨이 막혀 답답해지기 시작했다. 그러던 어느 날, 퇴근하면서 슬리퍼를 벗다 '내가 내 사무실에서 슬리퍼 하나 맘대로 못 신나?'라는 생각에 불현듯 울화가 치밀었다. 나는 슬리퍼를 벗어 던지고 그대로 나와버렸다. 물이 너무 맑으면 물고기가 살지 않는다는 말이 어떤 의미인지 실감했다. 그 스스로도 강박적 성격이라며 이해해달라고 했지만, 일방적으로 누가 누구를 이해하고 따라갈 수는 없는 노릇이다. 그가 나보다 연장자였기에 참고 참은 분노가 폭발하면서 서로 그동안 쌓인 울분을 터뜨리고 우리는 동업 관계를 종료했다.

인격장애 중 '강박성 성격장애'가 있다. 융통성, 개방성, 효율성을 희생하더라도 정리 정돈, 완벽, 대인 관계의 통제에 지나치게 집착하는 경우로 보통 청년기에 시작된다.

1. 세부 규칙, 순서, 스케줄 등을 이유로 정작 중요한 것을 놓친다.
2. 임무의 완수를 방해할 정도로 완벽주의 성향을 보인다(완벽한 기준을 충족해야 해서 계획을 완수하지 못한다).
3. 경제적 목적이 아님에도 일이나 성과에 지나치게 집착해 여가 활동은 물론 친구도 만나지 않는다.
4. 지나치게 양심적이고 소심하며 융통성이 없다.
5. 낡고 가치 없는 물건을 버리지 못한다.
6. 다른 사람에게 일을 위임하거나 함께 일하려 하지 않는다.
7. 자신은 물론 타인을 위해 돈 쓰는 데 인색하며 경직되고 완강한 성향을 보인다.

이 중 4개 이상의 항목에 해당한다면 강박성 성격장애를 의심해봐야 한다(DSM-IV 기준). 강박성 성격장애는 '강박장애'와는 다르다.

강박성이 있는 사람은 정리 정돈에 지나치게 집착함으로써 효율성을 잃는다. 하루에 상당한 시간을 정리하고 정돈하는 데 보내며 생산적이지 못한 완벽주의 성향을 보인다면 혹시 강박성 성격장애가 아닌지 의심해보라.

얼마 전에 만난 내담자가 이런 이야기를 했다. 매일 청소해야 한다고 생각하는데, 퇴근해 집에 돌아가면 피곤해서 아무것도 할 수 없고 그 때문에 스트레스가 쌓인다는 것이다. 그래서 물어보니 청소를 얼마나 자주, 얼마나 깨끗이 해야 하는지에 대한 기준은 없다고 했다. 일주일에 한 번이면 족하다 생각할 수도 있고, 아침저녁으로 청소하고 눈에 보이는 대로 정리 정돈을 해야 만족하는 사람도 있다. 생각해보면 우리는 이런 교육을 정식으로 받아본 적이 없다. 학과 공부만이 아니라 이런 교육도 필요하다는 생각이 든다.

어떤 사람은 지저분하고 정리 정돈이 안 되어 있음에도 그 문제의 심각성을 모르고, 어떤 사람은 심각할 정도로 정리 정돈에 집착한다. 프로이트는 심리 성적 발달 단계 중 '항문기'에 고착될 경우 너무 지저분하거나 너무 깨끗하거나 둘 중 하나가 될 수 있다고 말한다. 생각해보면 프로이트가 말한 항문기는 유아가 배변 훈련을 하는 시기와 일치한다. 유아는 일정 시기가 되면 배변을 일정한 곳에 배설하도록 교육을 받는데, 이때 처음으로 자신의 배설물을 세상으로 내보낼지 유보할지 결정함으로써 '통제력'을 얻는다. 그런데 부모가 이를 너무 강요하면 아이는 '강박적'이 될 수 있고, 그렇지 않으면 정반대가 될 수 있다는 것이다. 실제로 강박적 성향이 있는 사람을 보면 부모 역시 강박적인 경우가 많다. 이유도 모른 채 지적받고 완벽함을 강요받는다면 마음 한구석이 늘 불안할 것이다. 많은 사람이 쉬면서도 늘 뭔가 해야 한다는 생각에 사로잡혀 쫓기듯 사는 것은 알게 모르게 이런 주변의 압력 탓이 클 것이다.

적당히 너저분하게 살기

이런 사람들에게 적당히 너저분하게 살아도 된다고, 릴랙스한 삶의 가치를 알려주고 싶다. 적어도 쉬는 날에는 자신에게 충분한 휴식 시간을 주어라. 쉬는 것도 일하는 것만큼이나 중요하다. 이를 간과하고 지속적으로 자신을 혹사한다면 일의 능률만 저하될 뿐이다. 그래서 일주일 스케줄표를 작성해 점검해보는 것도 필요하다.

만약 정돈되어 있지 않은 주변이 계속 눈에 들어오고, 그래서 스트레스를 받는다면 그것이 어느 정도인지 평가해보라. 10점 만점에 몇 점인지, 그때 어떤 생각이 드는지도 함께 적어보라. 그리고 만족스러운 상태는 어느 정도인지, 이것도 10점 만점에 몇 점인지 평가해보라. 그러려면 빈도나 횟수를 정하고 목표치를 구체화하는 것이 필요하다. 청소와 정리 정돈을 한다면 일주일에 몇 번을 할 것인지. 매일 한다고 하더라도 목표치는 100%가 아니라 60~80%로 정하는 것이 좋다. 100%로 정하면 100% 실패할 것이기 때문이다. 만약 일주일에 70% 정도로 목표를 정한다면 4~5일은 청소하고 나머지 2~3일은 쉬어도 된다는 얘기다. 실제로 이런 이야기를 하는 것만으로도 도움이 된다. 이런 생각조차 하지 못한 채 하나의 생각에 빠져 있는 경우가 많기 때문이다.

이 이야기를 듣고 한 내담자는 집 안 정리가 안 되어 있는 걸 보고 '오늘은 10점 만점에 2점이군' 하며 속으로 웃었다고 한다. 결국 생각이 자유로워지면 몸과 마음도 자유로워진다.

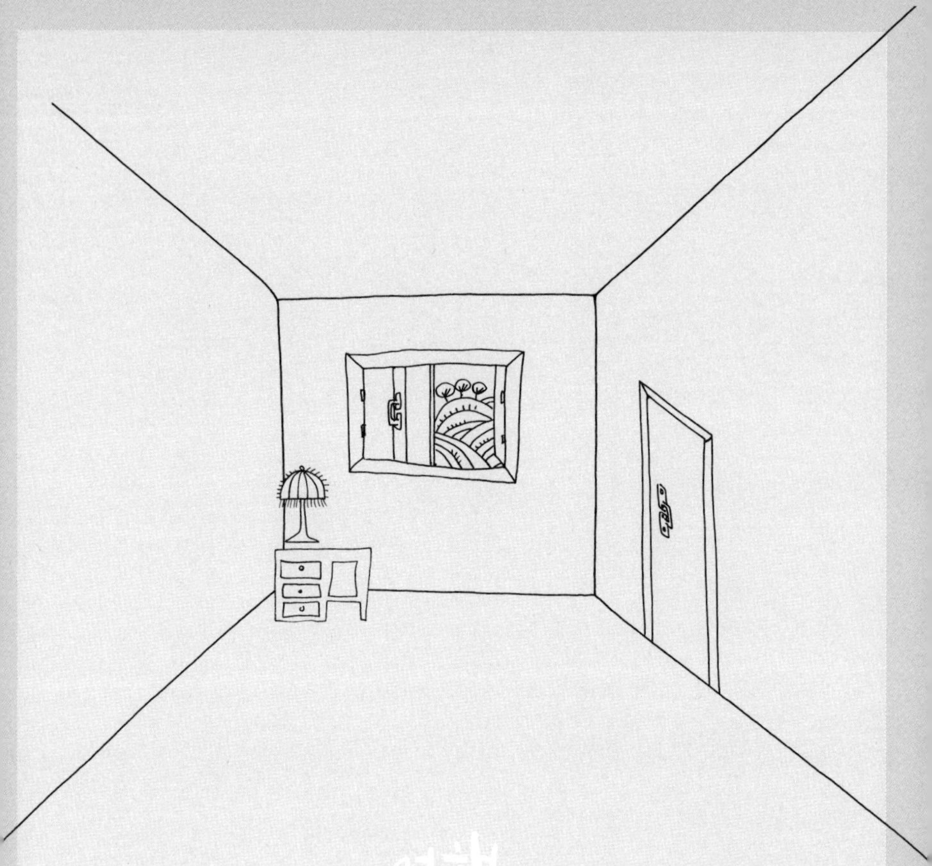

여행,
억지로 가지 마라!

"진정한 여행은 새로운 풍경을 보는 것이 아니라
새로운 눈을 갖는 데 그 가치가 있다."

– 마르셀 프루스트

여행은 필수 소비품이 아니다

나는 30대 후반 남성이다. 여행을 떠나지 않은 지 벌써 5년이 되었다. 가끔 지방으로 출장을 가게 되면 여행도 겸해야지 생각하지만, 역시 일은 일일 뿐이어서 그곳에 도착하면 여행 생각은 온데간데없이 사라진다. 바쁘다는 핑계 말고 내가 왜 여행을 가지 않았을까 생각해보면, 20대와 30대 초반만큼 죽도록 여행이 가고 싶지 않기 때문이다. 게다가 결혼 후 아내와 여러 차례 여행을 다녀왔지만, 서로 취향이 달라서 그런지 매번 싸우게 된다.

나도 '남들 다 가는 건데 가야지' 하며 여행 계획을 세워보지만, 다른 일이 생기면 금세 일에 몰두하고 여행은 뒷전이 된다. 게다가 여름휴가철 여행은 끔찍하다. 엄청난 인파에 밀리고 싸구려 상술에 속고 더위와 사투를 벌이고 비위생적 환경에서 버티며 하루빨리 집으로 돌아가기를 바란 그 기억은 지금도 나를 괴롭힌다. 특히 더러운 화장실은 테러와도 같다. 터질 것 같은 방광 때문에 어쩔 수 없이 들어간 휴게실의 간이 화장실, 광고만 믿고 간 어느 섬에서의 배탈 사건, 뜨거운 태양에 화상을 입고 고생한 몇 달의 시간……. 그런 기억은 절대 추억으로 남지 않는다. 그럼에도 왜 여행을 가야 하는지, 뚜렷한 목적도 없이 여행을 가기 위해 여행이라는 맹목적인 목표에 사로잡히게 되는 이유를 모르겠다.

어떤 이들은 이런 나를 한심하게 바라보곤 한다. 뭐하느라 여행도 안 가느냐고 묻는다. 내가 유학을 다녀오지 않은 것을, 외국 여행을 많이 다니지 않은 것을 이상하게 여기며 세상 물정에 어두워 대화가 되지 않는다고 폄하하는 사람도 있다. 심지어 내게 우물 안 개구리라 말하기도 했다. 웃음이 나왔다. 대부분의 한국인, 또는 세계의 많은 사람이 자신이 태어난 나라에서 벗어나지 않고 평생을 그곳에서 살다가 죽는다. 그들을 모두 우물 안 개구리라고 할 수 있을까? 더욱이 집을 나서면 외국인을 만나는 일이 예사가 되었고, 인터넷에 접속하면 세계 뉴스를 접할 수 있는 이 시대에? 외국 여행을 많이 다닌 사람의 식견과 세상을 바라보는 시야가 한 곳에 머물러 지내는 이들보다 과연 깊고 넓을 뿐 아니라 유연하다고 할 수 있을까? 여행이 필수 소비품이 된 시대에 여행을 즐기는 주변 사람을 한번 떠올려보라. 그들은 모두 열심히 여행을 다닌 덕분에 마르셀 프루스트의 말처럼 여행 후 '새로운 눈'을 갖게 되었는가?

소비의 차별화를 거부하는 자발적 방콕주의자

나로 말하자면, 여행이 누구 보라고 가는 건가 하는 생각에 반발심이 생겨 집에서 조용히 나만의 시간을 보내는 자발적 방콕주의자다. 즉 '집순이'를 기꺼이 자처한 것이다.

바라건대 집에서 조용히 티브이 프로그램이나 영화를 보고, 책을 읽고 글을 쓰면서 살고 싶다. 시끄럽고 복잡하고 사람 많은 곳은 딱 질색이다. 그냥 조용히 살다가 더 나이 들면, 작은 마당이 있는 조용한 도시 외곽의 집에서 동물 몇 마리 키우며 사는 것도 나쁘지 않을 것 같다. 쉽게 이룰 수 있는 바람처럼 들리겠지만 그렇지만도 않다. 이런 삶을 내버려두는 세상이 아니기 때문이다.

요즘 각종 커뮤니티나 SNS에 사람들이 올리는 사진을 보면 자신이 간 여행지나 맛집에서 찍은 사진이 대부분이다. 예전과 달리 타인의 삶을 자연스럽게 엿보게 되면서 자신의 삶과 끊임없이 비교하는 아이러니 속에 살고 있다. 사진 속 삶이 그들의 삶 전부가 아님에도 그들과 나의 삶이 얼마나 다른지, 내가 그들보다 잘사는지 그렇지 않은지에 따라 희비가 갈린다.

현대사회는 '소비사회'라고 불린다. 소비사회는 소비의 균등화와 차별화를 동시에 추구한다. 물질적 풍요 속에서 대중의 소비 수준이 전반적으로 상승해 소비의 균등화가 이루어진 반면, '소비의 차별화'를 통해 사회적 불평등과 차별을 심화하기도 한다. 그래서 장 보드리야르[8]는 소비가 사회 전체를 균등화하기보다는 오히려 사회적 차별을 심화하는 일종의 '계급제도'라고 주장한다. 즉 소비의 차별화는 새로운 상품화를 통한 이윤 추구의 기회를 낳고, 부유층에게는 자신의 부를 과시하면서 차별화할 수 있는 상징을 제공

8. 장 보드리야르Jean Baudrillard(1929년 7월 27일~2007년 3월 6일). 프랑스의 포스트모더니스트 사회 이론가. 저서로 《소비의 사회》, 《시뮬라르크와 시뮬라시옹》 등이 있다.

한다는 것이다.[9] 미디어가 이런 측면을 부추기는 것도 사실이다.

타인과 비교할수록 자신의 삶은 점점 비참해질 수밖에 없다. 특히 자신보다 잘살고 성공한 듯 보이는 사람들을 볼 때 그러하다. 그러나 '다른 사람들'이란 얼마나 막연한 대상인가. 막연한 대상과 자신의 삶을 비교하면서 범하는 치명적 오류는 타인의 삶이 어떤지 정확히 모르면서 그들이 자신보다 나은 삶을 살고 있다고 규정하는 것이다. 불특정 다수의 삶이 자신의 삶보다 낫다고 무엇을 근거로 결론 내릴 수 있을까. 그들이 SNS에 올리는 여행 사진이 '다른 사람들은 여행도 다니고 뭔가 나와는 다르게 즐겁고 행복한데 나만 왜?'라는 결론을 내리기에 충분한 근거일까?

여행 가기 싫은 데에는 다 그만한 이유가 있다

여행旅行의 사전적 의미는 일이나 유람을 목적으로 다른 고장이나 외국에 가는 일, 자기 거주지를 떠나 객지客地에 나다니는 일, 다른

9. 《사회학-비판적 사회 읽기》, 비판사회학회 엮음, 한울 펴냄, 2012년.

고장이나 다른 나라에 가는 일 등을 말한다.

여행은 판에 박힌 일상에서 벗어나는 일시적 일탈이며, 속박과 구속으로부터의 탈출이다. 자유와 유희, 즐거움을 좇는 일종의 '놀이'다. 그런데 그 놀이가 놀이로 느껴지지 않는다면, 여행은 곧 '노동'이 되어버린다.

20대에 대학 동기와 함께 유럽 여행을 다녀온 적이 있다. 비행기표와 유레일 패스만 티케팅하고 떠난 여행이었다. 한 달간 먹고 잘 수 있는 현금과 여행 책자, 갈아입을 옷 그리고 신라면 10개가 짐의 전부였다. 그래도 꽤나 무거워서 내 배낭만 10킬로그램이 넘었다. 우리는 무거운 배낭을 메고 유럽 8개국을 한 달 동안 돌아다녔다. 겨울이라 날은 추웠고, 숙소를 구하지 못하면 밤차를 타고 이동했다. 지금 생각하면 젊은 혈기가 없으면 도저히 할 수 없는 강행군을 한 것 같다. 아침 9시부터 해가 질 때까지 무거운 배낭을 메고 걷고 또 걸었다. 처음에는 왜 이런 고생을 사서 하나 후회도 했지만 곧 적응하기 시작했고, 여행 책자를 탐독하며 전략적으로 여행을 다녔다. 벌써 20년 전 일인데 아직도 기억에 생생한 것은 그때 여행이 고통스러울 만큼 힘들었고, 그렇기에 뭔가 해냈다는 뿌듯함, 자신의 한계를 극복했다는 스스로에 대한 대견함 같은 것이 있었기 때문이다. 그러나 지금 이 시점에 다시 그런 여행을 가겠느냐고 물으면 내 대답은 '노'다. 지금 나는 그때만큼 젊지 않고, 그런 고생을 돈과 시간을 들여 하고 싶지는 않다.

여행이 고생스럽게 느껴지고 가고 싶지 않다면 굳이 여행을 계획하고 갈 필요는 없다. 뭔가 하고 싶지 않다면, 그런 마음이 든다면 그럴 만한 이유가 있을 테니까. 흔히 좋고 싫은 데에는 이유가 없다고 한다. 그러나 그런 정서나 감정이 생기는 데에는 분명한 이유가 있다.

정서나 감정은 진화의 관점에서 적응적 기능을 하며 우리 선조들이 위협을 극복해 생존하고 그들의 유전자를 후손에게 전달하도록 도왔다는 점에서 중요하다. 즉 어떤 대상에 대해 느끼는 정서나 감정은 우리에게 위험한 것과 그렇지 않은 것을 분별하고, 이로운 것은 획득하고 그렇지 않은 것은 회피하게 함으로써 우리를 보호한다.

정서emotion는 "생리, 인지, 주관적 경험 및 행동 채널을 통합하는 외적 자극 사건에 대한 보편적이고 기능적인 반응이다."[10] 정서와 비슷한 개념으로 정동과 기분이 있다. 정동affect은 주관적으로 느끼는 감정 상태(정서)가 표현된 관찰 가능한 행동 양식이다. 기분mood이 광범위하고 지속적인 정서의 '기후'라고 한다면, 정동은 보다 변동이 있는 정서의 '날씨'라고 비유할 수 있다(이하 '정서'로 통칭).[11] 따라서 정서를 단순한 주관적 느낌으로 치부해서는 안 된다. 정서는 우리 신체의 변화를 반영하고 환경에 대한 예측할 수 있는 반응인 동시에 우리의 사고와 행동에 중요한 영향을 미친다. 그러니까 이유 없이 슬프거나 기쁘거나 화가 난다는 말은 틀린 말이다. 단지 그 이유를 스스로 알지 못하는 것뿐이다.

여행이 가기 싫은 심리적 이유

여행 가기 싫은 이유에 대한 자료를 수집하면서 느낀 것은 의외로 여행을 싫어하는 사람이 많다는 것이다. 한 블로거는 여행 가기 싫은 이유로 열 가지 정도를 제시한다.

짐 싸기 귀찮아서, 목적지가 별로 마음에 들지 않아서, 돈 낭비,

10. 《정서심리학》, Michelle N. Shiota, James W. Kalat 지음, 민경환 외 옮김, CengageLearning 펴냄, 2015년.

11. 《정신 질환의 진단 및 통계 편람》, APA 지음, 권준수 외 옮김, 학지사 펴냄, 2013년.

날씨가 안 맞아서, 음식이 안 맞아서, 문화 차이, 낯선 사람을 만나는 것이 싫어서, 군중이 싫어서, 지연되거나 취소되는 항공편, 여행지에서 다시 현실로 돌아오는 것이 싫어서 등의 이유를 꼽았다. 그 밖에 거리나 화장실 등이 더러워서, 안전상의 문제, 같이 여행 가는 사람과 취향이 안 맞아서 등의 이유로 여행 가기를 꺼린다는 것이다.

위에 제시한 이유들을 분석하며 여행을 기피하는 이들의 심리를 하나씩 살펴보자.

1. 짐 싸기 귀찮다

여행의 시작은 짐을 싸는 것이다. 여행을 간다는 설렘과 들뜬 기분 못지않게 불안이 밀려온다. 필요한 물건을 미처 챙기지 못한 경우, 여행지에서 겪을 불편함에 대한 걱정도 만만치 않다. 그래서 여러 번 확인하고 또 확인하지만 늘 빠뜨리는 것이 있기 마련이다. 짐을 싸는 행위는 일종의 '조직화'라고 할 수 있다. 필요한 세부 목록을 작성하고 하나하나 준비한 후 가방에 잘 분류해 담아야 한다. 나는 조직화가 잘 안 되는 편이라 이런 일은 대개 하기 싫은 쪽으로 분류하고, 꼭 해야 하는 상황이 되면 스트레스가 배가된다. 누구나 그렇겠지만 스스로 잘하지 못한다고 믿는 일은 하기 싫어진다. 이를테면 공부 못하는 아이에게 "왜 공부하기 싫으니?"라고 물으면 "어떻게 해야 잘할 수 있는지 모르겠다"고 대답하는 경우가 많다. 공부를 효과적으로 하는 방법을 알려주고 공부를 하겠느냐고 물으면 상당수의 아이가 '그렇다'고 대답하는 것은 그래서 시사하는 바가 크다.

즉 짐 싸기 귀찮다는 말에서 '귀찮다'는 단어에 방점을 찍으면, 그냥 공부하기 싫다는 의미와 같다. 그런데 누군가가 짐을 잘 싸준다면, 아니면 잘 싸는 방법을 안다면 스트레스는 경감된다. 그럼에도 여전히 하기 싫다면, 당신의 에너지 수준이 바닥이라는 의미일 수도 있다. 그렇다면 당신에게는 여행이 아니라 쉼이 필요하다.

얼마 전에 인문학 강의 의뢰가 들어와 늦은 저녁 시간에 모 도서관으로 향했다. 그 시간에 누가 올까 싶겠지만, 생각보다 많은 사람이 강의를 듣기 위해 저녁도 마다하고 자리해 있었다. 최근 강의를 하면서 느낀 것은 늘 내 생각보다 많은 사람이, 설마 올까 싶은 시간에도 온다는 것이다. 다양한 연령대의 사람들이 무엇 때문에 강의를 들으러 오는지 물어보면 하나같이 지금보다 나은 삶을 살고자 하는 욕구와 변화에 대한 갈망이 있다. 그리고 스스로 '나는 많이 부족하니 더 잘살기 위해 열심히 무언가 해야 한다'고 생각한다. 안타까웠다. 강의를 시작하기에 앞서 직장과 가정에서 헌신해온 그들에게 "당신은 충분히 열심히 살았으니 너무 노력하지 않아도 된다"고 말해주었다. 물론 내 강의는 열심히 들어야 한다고 하니 폭소가 터졌다.

내가 말하고 싶은 요지는 무언가 하기 싫다면 그만한 이유가 있을 것이고, 그럴 때 잠시 쉬어갈 필요가 있다. 그만하면 충분하다. 그리고 그 가끔의 쉼이 당신에게 다시 무언가 하고 싶은 열망으로 돌아올 것이다.

2. 목적지가 마음에 들지 않는다, 또는 돈 낭비인 것 같다

여행을 일탈과 탈출, 유희와 즐거움이라는 관점에서 본다면, 목적지는 중요하지 않다. 조리스 카를 위스망스의 소설 《거꾸로》에서 주인공은 난생처음 여행에 대한 욕망을 느끼고 짐을 꾸려 떠나지만, 기차역으로 가는 길에 만난 비바람, 거리의 소음 등에 지쳐 귀가한다. 하녀는 주인이 다시 돌아오자 놀라며 맞아들이지만 주인공은 자신이 난생처음 여행을 가고 싶어 했다는 사실 그 자체에 만족한다. 목적지에 도달해야 그 여행에 의미가 있는 것은 아니다. 여행을 계획하고 짐을 싸고 집을 나서는 그 여정에 가치가 있을 수 있다.

이 소설은 귀족 가문의 마지막 후손이 세상에 염증을 느끼고 어디론가 떠나고자 하지만, 결국은 실패한다는 내용을 다룬다. 그래서 목적지가 반드시 있어야 하고 그 목적지에 도달해야 한다고 믿는 사람들은 소설을 읽고 실망할 것이다. 그러나 이 소설에서 주인공이 겪는 과정은 우리 삶의 일면을 보여준다. 어디든 목적지로 가야 하는 것이 아니라 인생은 그 과정이 중요하고, 그 여정에서 느끼고 깨달음을 얻는 것이 결국 삶이라는 사실로 환원되기 때문이다.

귀족 가문의 마지막 후손은 처음으로 자신의 삶을 계획한 셈이다. 이 지점은 작가 위스망스의 처지와도 흡사하다. 스승 에밀 졸라로부터 독립해 처음 쓴 소설이 《거꾸로》라는 점에서 상당한 의미가 있다. 우리는 언젠가 자신을 돌보고 키워준 부모나 스승으로부터 독립해 한 개체로 살아남아야 한다. 비록 계획이 수포로 돌아간다고 해도 실망할 일은 아니다. 그럼에도 남는 것이 있기 때문이다. 중요한 것은 시도 그 자체다. 이미 스스로 무언가를 해야 한다는 자각, 할 수 있다는 확신이 생겼기 때문이다.

'사람들은 어딘가에 도착하기 위해 여행을 떠나는 것이 아니라, 여행하기 위해 여행한다'는 말이 있다. 이처럼 여행은 인생의 궤적과 흡사하기 때문에 목적지에 반드시 도달(인생의 목표 성취)해야 할 필요도 없다. 설사 목적지에 도달했다 해도 사진 속의 그것, 머릿속에 그리던 것과 다르다는 사실에 실망할 수 있다. '겨우 이런 걸 보려고 그 많은 돈과 시간을 들였단 말인가' 하면서 말이다.

현실적인 면에서 생각해보면 여행은 금전적 이득을 주지 않을 뿐 아니라 고생스럽고 많은 비용과 시간과 에너지를 소모하는 활동일 수 있다. 내가 아는 사람 중에는 이런 활동을 '쓸모없는 짓'으로 규정하고 여행, 특히 해외여행을 극구 만류하는 이도 있다. 선택의 주체는 당신이다. 무엇을 선택하든 그 선택을 나무랄 권리는 누구에게도 없다. 만약 여행이라는 선택지를 앞에 두고 고민 중이라면, 흰 종이를 반으로 나누어 여행의 장단점을 각각 적어보라. 그중 더 많은 쪽에 한 표를 던지면 된다. 우리는 살아가는 동안 내내 선택의 연속선상에 놓이는데 어째서 매번 만족스러운 결과를 내야 할까? 모든 사람의 삶이 유의미하고 가치 있지만, 달리 생각하면 그렇기 때문에 인생 별것 없다고 할 수도 있다. 그저 장점이 더 많은 쪽을 선택하면 된다.

3. 날씨, 음식, 문화, 낯선 사람들, 더러움, 위험 등 예기치 못한 상황 때문에

'집 떠나면 고생이다'라는 말이 있다. 집만큼 나에게 최적화된 환경은 없다. 그럼에도 왜 우리가 집을 떠나 낯선 곳으로 여행을 가는지 의문을 품을 수 있다. 도대체 무엇 때문에?

비밀스럽고 멀고 낯선 곳에 대한 호기심은 수천 년 전부터 인간이 미지의 세계를 탐험하도록 이끌었다. 이것은 일종의 '모험'이다. 여행은 이런 모험과 닮았다. 위험을 감수하면서 여행을 해온 이유는 그것이 우리에게 필요했기 때문이다. 자원은 한정되어 있고, 우리는 경쟁에서 언제든 밀려날 수 있다. 자연계에서도 동물은 무리지어 이동한다. 좀 더 나은 환경을 찾아 떠나는 것은 인간뿐 아니라 살아 있는 모든 생명체의 본능이다.

1만 년 전에 우리 선조, 원시인은 현실적으로 이런 상황에 대해 늘 고민했을 것이다. 익숙하고 안전한 곳을 지킬 것인가, 새로운 곳을 찾아 떠날 것인가. 낯설고 새로운 장소는 좀 더 많은 자원을 줄 수 있지만, 거기에는 늘 위험이 도사리고 있다. 진화심리학에 따르면, 우리 선조 중에는 겁쟁이가 많았고 그들이 더 오래 살아남았을 가능성이 높다. 위험을 무릅쓴다면 죽음을 각오해야 하므로 좀 더 조심성 있는 자가 살아남았을 것이고, 그들의 유전자를 물려받았기 때문에 우리는 기본적으로 겁쟁이일 수 있다.

그러나 다른 한편으로 여행에 대한 욕구가 존재하기 때문에 갈등이 생긴다. 공포 영화를 예로 들 수 있다. 돈 들여 뭐 할 게 없어서 공포 영화를 보나 할 수 있지만, 의외로 공포 영화를 즐겨 보는 사람은 많다. 이들의 심리를 분석한 결과, 공포를 경험하면 스트레스 지수가 오르고 이때 스트레스를 완화하는 호르몬이 분비되면서 일시적으로 쾌감을 느끼게 된다고 한다. 놀이동산의 롤러코스터도 마찬가지다. 왜 돈 내고 무섭고 위험한 일에 자신을 노출시키는지 의아할 수 있지만 이 또한 같은 맥락으로 설명할 수 있다. 스스로 위험에 노출되게 함으로써 그런 돌발적인 위기의 순간에 대처하는 방법을 배우고자 할 수도 있다. 다만 돌발적인 위기의 순간에 대처하는 것은 상당한 스트레스를 주고, 이런 상황에 대처 능력이 떨어지는 사람들은 당연히 이를 기피하고자 할 것이다.

영화 〈델마와 루이스〉[12]는 주인공 델마와 루이스가 주말여행을 떠나는 것으로 시작된다. 남편밖에 모르는 주부 델마와 활달한 성격의 루이스는 멋진 선글라스에 머플러를 두른 채 오픈카를 타고 끝없이 뻗어 있는 도로를 달린다. 나뿐 아니라, 멋진 오픈카를 타

12. 〈델마와 루이스Thelma & Louise〉
(**감독** 리들리 스콧 **주연** 수전 서랜던, 지나 데이비스, 1991년 개봉)
가정주부 델마(지나 데이비스)와 식당 웨이트리스 루이스(수전 서랜던)는 함께 여행을 떠난다. 휴게소에서 델마를 강간하려 하는 남자를 루이스가 살해하고, 즐거운 여행은 순식간에 도주극으로 변질된다. 뒤쫓는 경찰의 포위망이 좁혀들면서 결국 두 사람은 벼랑 끝으로 내몰리게 된다.

고 여행지를 향해 가는 모습은 누구나 늘 머릿속에 그리던 그림일 것이다. 그렇게 출발은 신선했다. 모처럼 경험하는 자유에 들뜬 델마는 한껏 취해 술집에서 한 남자를 만나고, 그들의 운명은 뒤바뀌게 된다. 즐겁기만 하리라던 기대와 달리 델마를 성폭행하려 하는 남자를 루이스가 총을 쏴 죽임으로써 그들의 여행은 뜻하지 않은 도주극으로 전락하고, 끝내 돌아올 수 없는 길로 치닫는다.

이미 말했듯이 새롭고 낯설다는 것은 보이지 않는 위험이 도사리고 있다는 의미를 내포한다. 특히 여성은 홀로 여행을 갔다가 불상사를 당하는 경우가 종종 있기 때문에 조심스럽지 않을 수 없다.

4. 여행의 취향

여행을 가기 싫은 또 다른 이유 중 하나는 여행 스타일, 취향이 사람마다 다르다는 것이다. 이 문제는 보통 타인과 함께 떠나는 여행에서 발생한다. 어떤 사람은 한곳에 조용히 머물며 맛있는 음식과 함께 휴식을 취하고 싶을 수 있고, 어떤 사람은 여기저기 돌아다니는 것을 선호할 수 있다. 어떤 사람은 계획에 따라 움직여야 직성이 풀리고, 어떤 사람은 무계획적으로 발길 닿는 대로 다니는 것을 좋아한다. 이것은 누가 옳고 그르고의 문제가 아니다. 오른손잡이냐, 왼손잡이냐처럼 자신에게 편한 측면이 있을 뿐으로 무엇을 선호하느냐는 경향성이기 때문에 일방적으로 누가 누구에게 자신의 방식을 강요하거나 맞출 필요가 없다.

10여 년 전의 일이다.

당시 다니던 직장 동료들과 이런저런 얘길 하던 중 갑자기 여행이 가고 싶어졌다. 여행 책자를 뒤지다 바닷가에 세운, 손으로 하늘을 떠받치고 있는 듯한 조각과 일출 사진이 눈에 들어왔다. '바로 여기다!'라는 생각이 들었고, 즉흥적으로 동료들에게 사진을 보여주며 "같이 갈래?"라고 물으니 모두 선뜻 그러자 했다.

그렇게 6명이 의기투합해 무박 2일 여행을 떠났다. 숙소를 정하지 않은 것은 가서 맘에 들지 않으면 바로 돌아올 생각이었기 때문이다. 밤차를 타고 가 일출을 보는 것이 첫 번째 목표였다. 그래서 6명이 탈 버스를 예약했다. '불금', 퇴근시간에 맞춰 나와 우리는 버스터미널로 향했다. 저녁을 든든히 먹고 적당히 시간을 때우다 12시 밤차를 탔다. 갑작스럽게 예매해 좌석은 뿔뿔이 흩어져 있었고, 우리는 그냥 각자 앉고 싶은 자리에 앉았다. 나는 시원한 맥주 한 캔과 오징어를 들고 맨 뒤의 오른쪽 좌석에 착석했다.

다섯 시간을 달려 마침내 목적지에 도착했다. 버스에서 내리자 추위가 엄습했지만, 공기는 충분히 신선하고 상쾌했다. 그리고 어둠을 밝히는 한 줄기 빛이 저 밑에서 떠오르기 시작했다. 그렇게 한동안 우리는 떠오르는 해를 보고 또 보았다.

곧 아침이 밝았다. 그때 누군가가 나를 향해 "근데 이제 우리 어디 가?"라고 물었다. 나는 그 의도를 몰라 "글쎄, 모르겠는데"라고 시큰둥하게 대답했다. 우리의 즐거운 여행은 여기까지였다. 모두 일제히 나를 쏘아보자 순간 당황했다. 잠시 후 나는 그 눈빛의 의미를 이해했다. 지금까지 그들은 누군가의 인솔에 따라 여행을 다녔지 자기가 주도해 어디론가 떠난 적이 없었다. 사실 나를 포함한 많은 사람이 홀로 여행하거나 자유여행을 떠나는 것을 어려워한다. 특히 여성이라면 뜻하지 않은 범죄에 노출될 가능성이 남성보다 많기에 더욱 그렇다.

나는 별생각 없이 여행을 가자고 제안했을 뿐인데, 그들은 암묵적으로 제안한 사람이 여행 계획을 세우고 준비했으리라 생각한 것이다. 나는 그런 그들의 눈빛을 읽었지만, 아랑곳하지 않았다. 이럴 때 미안하다거나 비굴하게 굴면 안 된다고 생각했다. 기싸움에서 밀려 조금이라도 잘못을 인정하면 죄인처럼 여행 내내 온갖 핍박을 받을 것 같았다. 서로 그런 약속을 한 적이 없기에 조금은 당황스럽기도 했다. 일단 그들의 반응을 묵살했다. 그런 내가 괘씸했는지 누군가가 다시 물었다.

"어디로 가야 하냐고."

"왜 나한테 묻냐고."

이쯤 되니 분위기가 험악해졌다.

그들의 표정에서 나는 마음을 읽었다.

'아, 저 인간이 그렇지. 저 인간을 믿은 내가 바보지.'

그들의 분노는 곧 자책과 체념으로 바뀌었다.

머쓱해진 나는 가져온 여행 책자를 뒤적여 포항 근처에 있는 횟집에 가자고 제안했다. 슬슬 허기가 올라오기 시작했기 때문이다. 오전 9시 30분쯤 되었을까, 우리는 아침부터 신선한 회에 술 한잔을 곁들이고 뜨뜻한 방바닥에 누워 잠시 동안 잠을 청했다. 11시쯤 횟집을 빠져나와 주변을 둘러보았는데, 지금은 어떻게 바뀌었는지 몰라도 10여 년 전의 그곳엔 도통 볼거리가 없었다. 다시 여행 책자를 뒤져보니 의외로 경주가 가까웠다. 우리는 무작정 경주로 향했다. 경주에 도착해서는 또 다시 어디로 갈지 고민했다. 경주에는 첨성대를 포함해 볼거리가 꽤나 많았고, 그 유명한 불국사가 있었다. 여기까지 왔는데,

불국사를 안 보고 가는 것이 맘에 걸려 먼저 찾아갔다가 저녁 때 첨성대 주변을 돌고 나서 맛있는 쌈밥집에 가서 저녁을 먹기로 했다. 남은 시간 동안 우리는 일사불란하게 움직였고, 무사히 여행을 마치고 귀가했다.

무질서 속에 질서가 있다?

그때 우리는 시간이 지나면서 점차 여행에 적응해나갔다. 초기에 일행은 아무 준비 없이 여행을 가자고 부추긴 나를 원망했지만, 여행을 마치고 무사히 귀환해야 한다는 생존 본능이 그들을 자율적으로 행동하게 이끈 것 같다. 그 여행에서 내가 한 일이라고는 목적지를 정한 것뿐이었다. 호미곶에서 경주 불국사, 첨성대 등 큰 목표만 설정하고 나머지는 다른 일행이 알아서 처리했다. 누가 뭐라고 지시하지 않아도, 누가 먼저랄 것도 없이 차편을 알아보고 목적지에 도착하면 누군가 내릴 준비를 해서 인솔하고……. 6명이 나름의 체계에 따라 움직이기 시작했다.

그때 나는 당시 관심이 있었던 복잡계complex system[13] 이론을 떠올렸다. 이렇게 무질서 속에서 질서를 찾아가는 현상을 복잡계라고 한다. 자연의 생태계를 들여다보면 이런 현상은 쉽게 발견할 수 있다. 겉으로는 무질서해 보이지만, 자세히 들여다보면 뭔가 보이지 않는 힘에 의해 움직이고 있다는 느낌을 받게 된다. 이렇듯 무질서 속에서 질서를 발견하고 그 질서를 찾아가는 현상이 복잡계다. 우리 여행도 처음에는 혼돈과 무질서 속에서 출발했지만, 주어진 시간 안에 목적지를 거쳐 돌아가야 한다는 단순한 목표가 새로운 질서를 출현시켰다. 각자 알아서 잘 적응하는 것으로!

복잡계는 단순히 복잡하다는 복잡성이나 혼돈을 의미하는 '카오스chaos'와는 다르다. 복잡계는 가이아Gaia[14] 이론과도 일맥상통하는 면이 있다. 가이아 이론은 지구를 단순한 암석 덩어리, 즉 무생물체로 인식하는 것이 아니라 생물과 무생물이 상호작용하면서 스스로 진화하는 하나의 생명체로 본다. 이 여행이 우리에게 준 것은 기대 이상으로 많았다. 우리는 진정 자유로운 몸이 되었던 것이다.

우리는 이 여행을 '묻지 마 여행'이라고 명명했다. 고생은 했지

---

13. 새로운 질서의 출현을 창발emergence이라 하고, 이로 인해 나타나는 질서 현상을 창발 현상이라 한다. 복잡계는 간단하게 이 창발 현상을 보이는 시스템을 일컫는다.(《복잡계 개론》, 윤영수·채승병 지음, 삼성경제연구소 펴냄, 2005년)

14. 가이아는 고대 그리스인이 대지의 여신을 지칭한 말.

만, 생애 가장 기억에 남는 여행 중 하나다. 그리고 또 하나, 이 여행을 통해 우리는 무박 2일 동안 새삼 편안한 잠에 대한 고마움을 느꼈다. 두 다리 쭉 펴고 잠자리에 들 수 있다는 것이 얼마나 큰 행복인지 새삼 실감했다. 그러니까 여행은 일상을 벗어나 자유를 누리되, 다시 원래 삶으로 복귀했을 때 이전에 느끼지 못한 단순한 삶에 대한 고마움을 일깨우는 경험이다.

자발적이지 않으면 의미가 없다

어려서부터 우리는 늘 계획성 있는 삶을 강요받으며 살아왔다. 일정한 나이가 되면 아침에 일어나 유치원이나 학교에 가고, 정해진 시간 동안 그 공간에 머무르며 그곳의 규칙에 적응해야 한다. 한 사회의 구성원으로 살아남기 위해 우리는 어려서부터 '사회화' 교육을 받으며 살아왔고, 성인이 되어서는 가정과 일터에서 반복되는 하루하루를 보내고 있다.

원하든 원하지 않든 반강제로 계획적인 일상을 보내고 있으며, 그래서 계획에 없던 시간이 주어지면 심지어 불안하다는 사람도 있다. 뭐라도 해야 할 것 같은, 이렇게 멍하니 시간을 보내면 안 될 것 같은 생각은 잠시도 우리를 내버려두지 않는다. 그러나 세상은 쓸모 있는 것이 점점 쓸모없어지고, 질서를 만들수록 그 안에 또 다른 무질서가 싹튼다. 의도와 계획은 무의도와 무계획을 낳는다. 그래서 어느 정도 계획적인 일상에 대한 부담을 털어버려야 한다. 비워내야 다시 담을 수 있다.

물론 독립된 개체로 살아가기 위해 어쩔 수 없이 많은 청춘의 시간을 사회적 규칙이나 틀에 맞춰 보내야 한다. 그러다 보면 어느 순간 다 내던지고 떠나버리고 싶은 욕구가 생긴다. 어쩌면 여행이라는 것은 현재 내가 처한 현실에서 도피하고 싶은 충동일 수 있다. 그래서 목적 없이 어딘가로 떠나는 것은 일정 기간의 일탈이며, 일탈을 통해 늘 있던 공간과 환경과 사람들로부터 벗어나고, 다른 환경에 적응하며 일시적이나마 그동안의 스트레스를 잊는 것이다. 여행은 자발적 동기가 중요하다. 원치 않는데 누군가 가자고 해서 끌려가거나, 여행이 필수인 시대니 나도 다녀와야 한다는 생각은 자발성을 침해하기 때문에 짜증이 날 수 있다.

여행을 싫어하는 사람 중 여행 경험이 부족해 낯선 곳에 가는 것을 두려워하는 이도 있지만, 어려서 부모의 주도로 간 여행에 대한 기억이 별로 좋지 않은 경우가 많다. 아이들은 선택권이 없이 부모가 이끄는 대로 따라다닌다. 아무리 좋은 곳일지라도 그냥 따라다니기만 하면 별다른 감흥이 없다. 즉 자발성이 없는 일은 동기부여가 되지 않는다. 나 역시 어릴 때 아버지가 낚시를 좋아해 온 가족이 낚시 여행을 간 기억이 있다. 나는 정말 가고 싶지 않았다. 그 여행은 아버지를 제외한 나머지 가족에게는 그저 힘들고 고생스러운 일이었을 뿐이다. 시간이 지나도 추억으로 남지 않았다. 내가 좋으니 너도 좋을 거라는 생각은 착각일 뿐이다. 만약 여행을 하고 싶다면 자발적으로 임해야 한다. 그 과정에 능동적으로 참여해야 한다. 그래야 그 여행이 설령 고생스러울지라도 견딜 만하고, 훗날 추억으로 남는다.

무계획이 의지를 만들어낸다

여행을 가고 안 가고는 내 의지와 욕구에 달려 있다. 어떤 욕구도 생기지 않는다면 그만큼 지쳤다는 반증일 수 있다. 욕구가 없을 때는 그냥 무계획에 자신을 맡겨보는 것도 하나의 방법이다. 누구의 눈치도 보지 않고 그저 내면의 소리에 귀 기울이며 자신에게 집중하는 것이다.

얼마 전 한 내담자가 이런 말을 했다.

"그냥 뭔가 열심히 해야 한다는 생각에 지금까지 쉬지 않고 아이들 키우고 집안일하며 살았어요. 나이 들어서는 뭔가 해야 할 것 같아서 이것저것 배우고 여행도 열심히 다녔는데, 이젠 그럴 필요가 없다는 생각이 들어요. 누구도 신경 쓰지 않고 그냥 내가 하고 싶은 대로 하며 살려고요."

여행에는 분명 순기능이 있지만 역기능도 존재한다. 어떤 경우는 여행 자체가 문제가 되기도 한다. '오버투어리즘over tourism(과잉 관광)'으로 유명 관광지는 각종 공해와 오염에 시달리고, 그곳에 사는 사람들도 수많은 관광객으로 인한 소음과 각종 공해로 불편을 겪게 된다. 최근 필리핀의 두테르테 대통령은 보라카이섬을 당분간 폐쇄하기로 결정했는데, 바로 오버투어리즘의 전형적 폐해라고 할 수 있다. 그의 말대로 이미 섬은 쓰레기가 점령한 상태였다.

또한 여행은 삶의 필수 요소나 때마다 반드시 해야 하는 숙제가 아니다. 여행을 하고 싶지 않다면, 그 마음을 자유롭게 놓아두기 바란다. 자유를 얻은 마음이 무언가를 계획하는 것으로 연결될지 아닐지는 스스로 알게 될 것이다. 그 결론이 무엇이든 중요한 것은 자신의 마음이다.

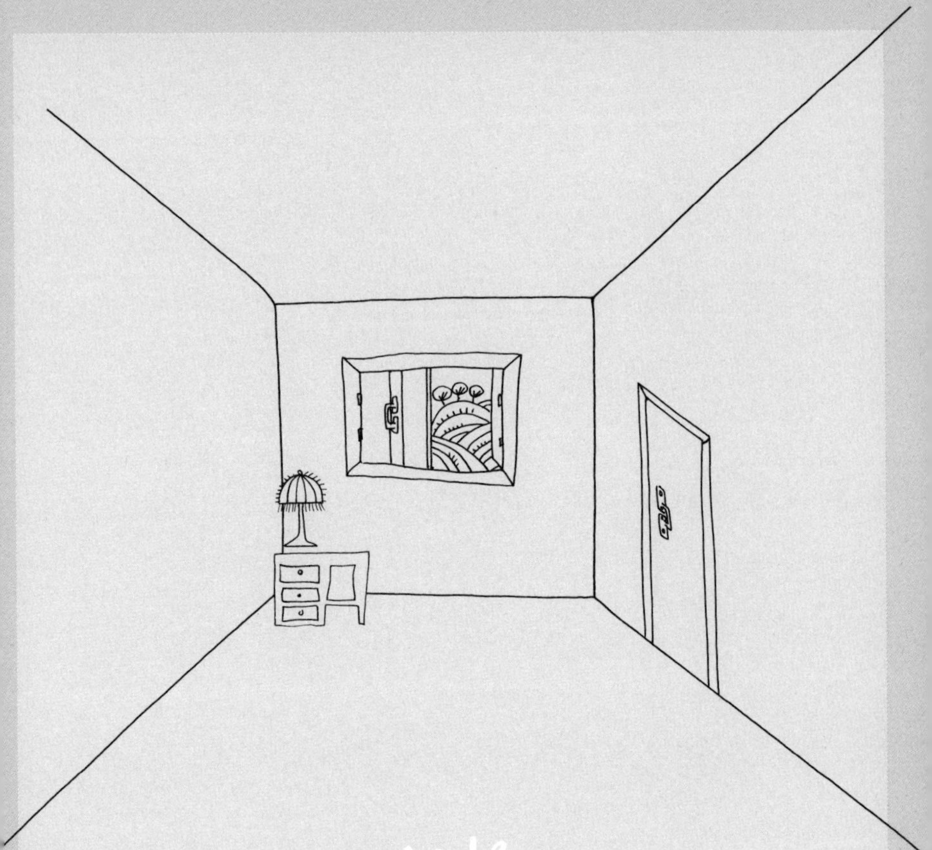

쇼핑은 각자 스타일대로 하는 걸로

"쇼핑의 핵심은 자신의 정체성을 발견하고
정체성을 더욱 세련되게 만드는 일이다."

– 토머스 하인 《쇼핑의 유혹》 중

나는 쇼핑이 싫다

얼마 전 영상 콘텐츠 제작 의뢰를 받아 원고를 쓰고 촬영도 함께 진행했다. 영화를 주제로 영화 속 인물들의 심리를 통해 이상심리와 심리치료 등에 대해 설명하는 내용으로 구성된 콘텐츠였다. 원고는 그럭저럭 쓰겠는데, 문제는 영상 촬영이었다. 원고 마감에 쫓겨 밤늦도록 작업하느라 얼굴이 퉁퉁 부은 채로 일어나 촬영하는 것도 거북했지만, 영상에 잘 나오려면 헤어스타일과 메이크업, 의상 등을 모두 잘 갖춰야 하는데 쇼핑[15]하러 갈 시간도, 여유도 없었다.

생각해보니 나는 그동안 정말 뭔가 필요성이 극대화될 때에만

연례행사로 필요한 물건을 집중적으로 사는 식으로 쇼핑을 해왔다. 나에게 쇼핑은 대부분의 여성이 즐거운 활동이나 여가로 여기는 그런 행위가 아니다. 그도 그럴 것이 나같이 목표 지향적인 사람에게 시간을 보내기 위해 여기저기 돌아다니며 구경하는, 소위 아이쇼핑[16]은 시간 낭비일 뿐이다. 그리고 견물생심, 즉 물욕이 없는 사람이라 할지라도 진열대 위에 놓여 있는 화려한 상품이나 마네킹이 걸치고 있는 예쁜 옷을 보면 사고 싶은 욕구가 생기기 마련이다. 재화는 한정되어 있는데, 각종 상술에 떠밀려 우리는 빚을 내서라도 그 상품을 사고 싶은 충동을 억누르지 못하고, 그렇게 무리해 순간의 선택을 하면 결국 스스로 자책하게 된다.

영화 〈쇼퍼홀릭〉[17]에는 명품에 목을 매는 주인공이 나온다. 돈

15. 쇼핑shopping의 사전적 의미 장보기場-는 구매를 목적으로 재화와 용역을 조사하고 선별, 구입하는 과정을 말한다.

16. 많은 사람이 쇼핑을 사고자 하는 적절한 제품을 찾기 위해 여러 가게를 돌아다니는 레크리에이션 활동으로 생각한다. 우리나라에서 흔히 쓰는 아이쇼핑eye shopping이란 말은 서양에서 윈도쇼핑window shopping이라고 부른다. 엔터테인먼트를 위한 가게의 유리창을 통해 물건을 살펴보는 것을 뜻한다. 이를 통해 실제로 구매하지 않고도 물건을 산 것 같은 상상을 할 수 있다. 어떤 사람은 쇼핑을 불편한 무엇으로 여기기도 한다. 쇼핑을 즐기는 사람들은 가끔 유명한 제품을 사기 위해 긴 줄을 서서 오랜 시간 기다리기도 하는데, 보통 휴가철을 맞은 손님이나 얼리어답터에게 흔한 일이다.

을 버는 이유가 명품을 사 모으기 위해서라고 할 정도로 명품에 대한 집착이 대단하다. 쇼핑 중독이라고 해도 좋을 만큼 심각한데, 결국 그 때문에 파산할 지경에 이르게 된다. 영화에서는 주인공이 그동안 쇼핑하며 얻은 노하우를 이용해 멋진 남자를 만나고 일에도 성공해 해피엔드로 끝나지만, 현실에서는 이런 장밋빛 그림만 그릴 수는 없다. 충동구매를 하는 사람들은 스스로 충동을 제어하는 데 실패하기 때문에 일종의 '중독'이라고 볼 수 있다.

얼마 전 한 내담자가 충동구매로 인한 고통을 호소했다. 특히 명품[18]에 집착하는 이 여성은 자신의 수입 대부분을 명품 구매에 쓰고 있고, 현재 카드빚으로 고통받고 있다고 했다. 그녀는 명품을 살 때 점원이 자신을 존중하고 인정해준다는 느낌을 받는다고 했

17. 〈쇼퍼홀릭Confessions of a Shopaholic〉
(**감독** P. J. 호건 **주연** 아일라 피셔, 2009년 개봉)
레베카는 지나친 쇼핑으로 인해 카드 명세서에 파묻힐 지경이다. 결국 빚을 청산하기 위해 연봉이 높은 직장을 찾아 나서고, 재테크 잡지사에 취직한다. 그녀의 운명은? 〈쇼퍼홀릭〉은 전 세계 1,500만 독자를 열광시킨 화제의 베스트셀러 소설을 원작으로 만든 작품이다.

18. 오랜 기간 사람들 사이에서 상품적 가치와 브랜드 네임을 인정받은 고급품을 일컫는 말로 20세기 말 다품종 소량생산 시대가 열리면서 고급화 전략이 강조되었고, 결국 상당히 높은 가격대를 형성하기에 이르렀다. 패션 아이템부터 음식에 이르기까지 다양한 스펙트럼을 아우른다.

다. 그런 대우를 계속 받고 싶은 욕구 때문에 쇼핑을 계속한다는 것이다. 그녀의 이야기를 들어보니 어려서 부모가 이혼한 이후 많이 외로웠고, 물건을 사는 것으로 그 외로움을 어느 정도 달래온 것으로 보였다. 물건을 사는 그 순간 뭔가 충족되는 듯한 느낌을 받았다고 하는데, 일종의 심리적 공복을 그런 식으로 채웠나 보다 생각하니 안쓰러운 마음이 들었다. 이야기를 하면서 스스로 자신의 문제를 정확히 인식했는지, 우선 불필요한 물건부터 정리하고 필요한 것만 사는 습관을 길러야겠다고 했다.

이 경우처럼 물욕이 남다른 이들을 보면 심리적으로 공허감을 느끼는 경우가 많다. 비싼 물건을 사들이는 것으로 위안을 삼고자 하는 경우를 종종 본다. 특히 명품에 집착하는 이들은 자신의 존재감을 명품의 가치와 동일시하는 경우다. 얼마 전 수입차를 타는 20대 남성이 자신의 차를 추월했다는 이유로 보복 운전을 하다 사고를 낸 적이 있는데, 감히 국산차가 자기 차를 추월했다는 것이 그 이유였다. 그는 그 차가 곧 자기 자신의 신분을 대변한다고 믿고 있는 듯이 보였다.

이런 경우는 우리 주변에서 심심치 않게 발견할 수 있다. 모 방송국의 라디오 프로그램에 출연했을 때 일이다. 아나운서 출신인 담당 MC는 게스트인 내가 라디오 부스 안으로 들어가자 간단한 눈인사와 목례만 하고는 시선을 대본으로 내렸다. 그런 그녀의 뒤에는 보란 듯이 가방이 놓여 있었다. 사람들의 눈에 잘 띌 만한 위치에 도도하게 놓인 그 가방처럼 그녀의 행동은 이렇게 말하고 있는 것 같았다.

'나 이런 사람이야!'

하지만 아쉽게도 나처럼 명품이 뭔지도 모르는 촌스러운 사람에게는 통하지 않는다는 단점이 있다. 어떤 사람은 의아한 듯 나에게 왜 명품을 들고 다니지 않느냐고 묻는다. 소위 샤○, 루이○○ 등이 명품을 의미한다면 분명 나는 그런 제품은 들고 다니지 않는다. 명품이 나를 대변할 수는 없다고 믿는다. 그래서 그에게 이렇게 말해줬다.

"내가 바로 명품이니까."

감히 사람을 명품 따위로 평가하다니, 어처구니없는 일이다. 물론 이 명품이라는 것도 상당히 주관적이고 인위적인 것이긴 하지만, 통상 명품이 고가의 몇몇 브랜드를 지칭한다면 편의상 그렇다고 치자. 사람들이 이런 명품에 열광하는 이유는 결국 하나로 귀결된다. 나는 보통 사람들과 다르다는 것을 명품을 통해 증명하고 싶은 것이다. 이 경우도 특별한 소비를 통해 자신을 차별화하고 그 물건의 값어치와 자신을 동일시[19]하는 것이라고 볼 수 있다.

그러나 다 부질없는 일이다. 명품이든 무엇이든 소유를 통해 자신의 가치를 증명하려 하는 것은 일종의 허세일 뿐이다. 그보다는 진정한 자기 자신의 가치를 발견하는 것이 중요하다.

영화 〈블루 재스민〉[20]의 주인공 재스민은 상위 1%의 부유한 기혼녀다. 그러나 남편의 외도를 알게 된 그녀는 남편의 불법 행위를 고발하고, 이로 인해 남편이 자살하면서 모든 것을 잃게 된다. 그녀에게 남은 것은 몇 푼 안 되는 현금과 그동안 사 모은 명품 가방 몇 개가 전부다. 여동생의 집에서 동생의 남자 친구 눈치를 보며 적은 월급으로 근근이 살아가는 신세로 전락한다. 한때는 모든 걸 가진 여자였지만, 이제는 나이 많고 아무 능력 없는 존재가 되어버린 것이다. 그녀는 그런 자신의 처지를 비관하면서도 신분 상승을 위해 거짓말을 하며 자신을 여왕으로 만들어줄 남자를 만난

19. 정신분석에서 강력한 정서적 애착을 느끼는 사람의 행동을 본받는 것.
20. 〈블루 재스민Blue Jasmine〉

(**감독** 우디 앨런 **주연** 케이트 블란쳇, 알렉 볼드윈, 2013년 개봉) 사업가 할과 결혼하면서 부와 사랑을 모두 누리게 된 재스민. 그러던 어느 날 그녀의 인생이 산산조각 난다. 남편 할의 외도를 알게 된 것. 결혼 생활을 끝내고 빈털터리가 된 재스민은 여동생 진저의 집에 얹혀 사는 신세가 된다. 지금의 삶을 인정할 수 없고 신경안정제의 효과도 보지 못하던 어느 날, 그녀는 근사한 외교관 드와이트를 만나면서 다시 이전의 화려한 삶을 꿈꾼다. 과연 그녀의 꿈은 이루어질 것인가.

다. 다시 여왕으로 등극할 것이라는 꿈에 부풀지만, 그녀의 말이 모두 거짓임을 안 약혼자는 매몰차게 그녀를 버리고 떠나버린다. 결국 그녀의 꿈은 물거품이 되고, 동생의 집에서도 쫓겨난 그녀는 거리를 떠돌면서 미친 여자처럼 혼자 중얼거린다. 그런 그녀의 얼굴이 클로즈업되면서 영화는 끝난다. 영화 〈바람과 함께 사라지다〉에서 스칼렛 오하라가 "그래, 내일은 내일의 태양이 뜰 거야!"라고 말하던 마지막 장면과 오버랩되는 느낌을 받았다. 이런 막연한 낙관론은 결코 인생에 도움이 되지 않는다. 철저한 자기반성이 필요하다. 남에게 과시하기 위한 겉치레에 치중한 삶의 비극적 결말은 이런 모습일 수 있다. 이 영화를 통해 자신을 통찰하며 그나마 나는 저런 상황이 아닌 것이 얼마나 다행인가 싶어 가슴을 쓸어내릴 수 있었다. 그나마 나는 쇼핑을 좋아하지 않으니까…….

앞에서 잠시 언급했듯이 현대는 소비사회로 불리며 소비를 위한 소비를 하고 있다. 즉 남들 눈에 보이는 것이 중요한 것이 되었다. 이런 '과시적 소비'는 자신을 타인과 차별화하고 다른 존재로 돋보이게 하기 위한 하나의 수단이 되어버렸다. 보드리야르는 소비가 일종의 계급을 형성한다고 보았는데, 미국의 경제학자 소스타인 베블런[21]도 《유한계급론》이라는 책을 통해 유한계급,[22] 노동을 하지 않고도 먹고사는 데 문제가 없는 사람들은 타인과 차별화하는 소비를 통해 자신의 신분이나 존재감을 드러내려 한다고 언급했다. 이들은 가격이 비싸면 비쌀수록 구매에 열을 올리는데 이를 '베블런 효과'라고 한다. 최근 우리나라에서 다른 소비는 감소하는데 비해 명품과 같은 고가의 상품 소비는 오히려 늘었다는 것 또한 이런 측면과 관련이 있다고 할 수 있다.

소설 《위대한 개츠비》도 이런 단면을 충실히 보여준다. 사랑하는 여인을 다른 남자에게 빼앗긴 한 남자(개츠비)가 그녀를 되찾기 위해 엄청난 부를 축적하고, 연인을 다시 만나기 위해 매일같이 파티를 열지만 결국 그는 그녀의 사랑을 얻지 못한 채 죽음을 맞

21. 유한 계급제도는 봉건시대 유럽이나 일본처럼 다른 지역보다 상대적으로 발달했던 야만 문화에서 가장 잘 발달한 것으로 보인다. 그러한 계급적 차이를 결정한 것은 무엇보다도 경제적 요인이었고 상류 계급들은 관습상 생산 활동을 면제받았고 가장 명예로운 직업은 전사였고 그다음으로 성직이었다.(《유한계급론》 소스타인 베블런 지음, 김성균 옮김, 우물이있는집 펴냄, 2012년)

22. 경제학자인 소스타인 베블런은 1857년 7월 30일 위스콘신주 카토 부근의 한 개척 농가에서 태어났다. 1899년 베블런의 첫 번째 저서이자 최고의 역작인 《유한계급론》이 출간되자 학계가 발칵 뒤집혔다. 이 책은 고전 경제학자들이 금과옥조로 여기던 두 가지 교리적 논리, 즉 자본가의 이익은 사회의 이익과 일치한다는 논리와 경제 체계는 경제를 진보시키는 역동성을 제공한다는 논리를 반박했기 때문이다. 베블런은 자신의 작업을 핵심적으로 표현하는 '과시적 소비'라는 말을 사용함으로써 학술서도 대중적인 인기를 모을 수 있음을 증명해 보였다.(《유한계급론》 소스타인 베블런 지음, 김성균 옮김, 우물이있는집 펴냄, 2012년)

이한다. 그가 죽어가면서도 잊지 못한 그녀는 그에게 꽃 한 송이 보내지 않고 매정하게 떠나버리고, 매일 밤 화려함을 좇아 그의 집을 드나들던 사람들도 온데간데없다. 그의 부와 명예, 사랑 모두 허상이었던 셈이다. 이처럼 인간의 욕망을 소비하는 것은 건강한 소비라고 할 수 없다. 우리나라에서는 쇼핑을 백화점 등에서 값비싼 물건을 사는 행위로 여기는 경향이 강하므로 이런 과시적 소비와 비슷하다고 볼 수도 있다.

남자는 쇼핑을 싫어한다?

쇼핑이란 단어를 들으면 이런 장면이 떠오른다. 백화점 등에서 이것저것 고르며 즐거워하는 여자와 그런 그녀를 지루하게 따라다니는 남자의 모습이다. 많은 남자가 쇼핑을 싫어하는 것으로 알려져 있다. 그러나 여자가 쇼핑을 좋아한다고 일반화하는 것이 문제인 것처럼 모든 남자가 쇼핑을 싫어한다고 단정할 근거는 없다. 단지 어떤 품목이냐에 따라 선호도가 갈리는 것뿐이다. 대체로 여자는 패션 상품에, 남자는 기계와 관련된 상품, 예를 들면 컴퓨터나 자동차 등에 관심이 많은 것으로 보인다.

한 조사 결과에 따르면 남자들이 쇼핑을 싫어하는 것은 점원의 지나친 관심에 짜증이 나기 때문이라고 한다. 그저 함께 간 여자가 이것저것 고르는 동안 기다리는 게 지겨워 쇼핑을 싫어하는 것은 아니라는 말이다. 이 리포트는 남자들은 자신에게 달라붙는 점원 때문에 상점 밖으로 뛰쳐나가고 싶은 충동을 느낀다고 보고 했다. 대체로 남자들은 사람들과 부딪치는 것을 싫어하며 이 옷 저 옷 걸쳐보는 것도 원치 않는다. 그리고 여자에 비해 점원의 손길이 닿는 것을 부담스러워한다. 대인 관계에서 일어날 수 있는 자연스러운 스킨십에 익숙하지 않은 남자의 경우 이런 점원의 친절은 부담으로 다가올 수밖에 없다.

남자들은 대부분 여러 옷이나 신발을 착용해보고 사지 않는 여자를 이해하지 못하는 것처럼 보인다. '어떻게 그럴 수 있느냐'는 것이다. 내가 아는 누군가는 신발 가게에 갔을 때 여자 점원이 친절하게 신발을 보여주고 심지어 신겨주기도 하는데 이럴 경우 백이면 백 맘에 들지 않더라도 구매하게 된다고 했다. 부담 없이 아이쇼핑을 즐기다 정말 맘에 드는 물건이 있으면 산다는 여자들과는 많이 다른 것 같다. 그들은 사지도 않을 건데 왜 백화점에 가고, 사지도 않을 건데 왜 옷을 입어보는 거냐고 되레 묻는다.

그도 그럴 것이 여자아이들과 남자아이들이 노는 모습을 관찰

해보면 분명 그 차이를 알 수 있다. 누가 시킨 것도 아닌데, 여자아이들은 삼삼오오 모여 인형놀이를 하거나 공주처럼 꾸미고 놀기를 좋아하고, 남자아이들은 장난감을 가지고 놀거나 막대 등을 들고 칼싸움을 한다. 이런 성향은 어느 정도 선천적으로 타고나는 것으로 보이는데, 어려서부터 여자아이들은 관계 속에서 스킨십을 즐기며 시간을 공유하지만, 남자아이들은 공격적이고 경쟁적인 분위기에서 자란다. 따라서 여자와 함께 하는 쇼핑이 이들에게는 낯설고 어색한 일일 수 있다. 그러나 컴퓨터나 자동차 같은 기계류를 구매할 때는 눈빛이 달라진다. 여자들이 보기엔 별로 다를 게 없는 것 같은데 몇 시간을 들여도 지치지 않는 모습을 보여준다. 즉 서로 관심사가 다르고 행동 패턴이 다른 것이라고 볼 수 있다.

주체적으로 소비하라, '안티소비'

남녀를 떠나 쇼핑 자체를 싫어하는 사람도 있을 수 있다. 어떤 사람은 소비 자체를 거부한다. 이른바 '안티소비'라고 불리는 이 행위는 자신의 신념이나 철학에 따라 소비를 거부하는 것을 말한다. 물자가 귀한 시절 물건을 아끼고 절약하던 것과는 결을 달리하며 피로형 안티소비, 트라우마형 안티소비, 계몽형 안티소비, 감시·고발형 안티소비로 나뉜다. 피로형 안티소비는 과잉 기능이나 과잉 정보가 스트레스를 유발해 소비 욕구가 감소하는 현상으로, 물질적 소비보다는 정신적 만족, 자아실현을 중시하는 고학력, 전문직 소비자가 주로 해당한다. 최근에는 기부, 검소한 생활을 추구하는 소비층도 늘고 있다. 트라우마형 안티소비는 개인의 경험, 선입견이 고착되어 특정 대상의 소비를 거부하는 행태를 말한다. 특정 제품이나 브랜드와의 관계에서 발생한 강력한 부정적 체험이 향후 소비 행태에 영향을 미치는 트라우마로 작용해 소비를 거부하는 것이다. 소비로 인한 사회·환경문제 해결을 위해 반反소비 운동에 동참하는 계몽형 안티소비는 과소비에 대한 비판과 반성 분위기가 조성되면서 극단적이고 진보적으로 여기던 반소비 운동의 일상 탈출, 페스티벌의 성격이 부각되고 있다. 감시·고발형 안티소비는 사회적 이념을 바탕으로 특정 상품, 브랜드의 소비를 거부하는 현상이다. 기업의 윤리와 진실성을 중시하는 소비자가 증가하면서 브랜드의 상징성, 다양한 이해관계, 역사적 배경 등이 복잡하게 작용해 소비자의 반감을 초래하고 더 나아가 불매운동으로 이어질 수도 있다.[23] 이런 안티소비는 무분별하게 다른 사람을 따라 소비하는 행위(밴드왜건 효과)나 반대로 남들이 소비하는 것을 무조건

안티소비의 유형

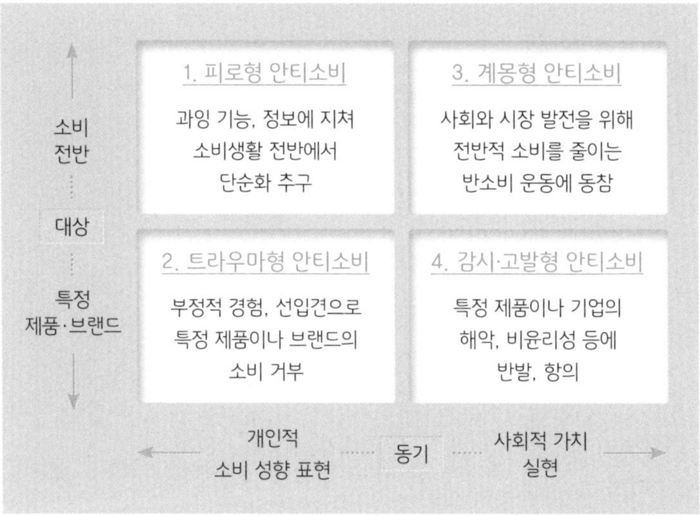

★ 출처 : 삼성경제연구소(2011년)

적으로 거부하는 행위(스놉 효과)와는 달리 스스로 정체성을 가지고 주체적으로 소비한다는 점에서 의미가 있다.

소비 앞에 '안티'라는 말이 붙었다는 이유로 단순히 소비에 대한 부정적 태도라고만 생각할 것이 아니라는 말이다. 상술에 속고 사람들의 시선을 의식하면서 다른 사람과 차별화하기 위한 수단

23. 《안티소비 왜 주목해야 하나?》, 최순화 외 지음, 삼성경제연구소 펴냄, 2011년.

으로 소비를 이용하는 것이 아니라, 소비의 주체로서 당당하게 소비한다는 측면에서도 의미가 있다. 최근 유행하고 있는 스몰 웨딩이나 스몰 럭셔리처럼 허례허식에서 벗어나 실속을 챙기고 개성을 잃지 않을 수 있다는 장점이 있다.

온라인 쇼핑이 편한 이유

나는 성격이 극단적으로 내향적이어서 사람이 많고 복잡한 곳에 가서 이리저리 부대끼는 걸 워낙 싫어하기 때문에 인터넷 쇼핑을 즐긴다. 그러나 어떤 사람은 누군가가 물건을 사도록 종용하면 거절하지 못하는 성향 때문에 인터넷 쇼핑을 하기도 한다.

많은 사람이 '거절'에 대해 부정적으로 생각하는 경향이 있다. 거절은 상대에게 불쾌감을 주고, 그런 행위를 하는 것이 죄책감을 유발할 수도 있다. 또한 상대의 무언의 압력에 굴복하는 것이라고 볼 수도 있는데, 그래서 우물쭈물하는 모습이 혹시라도 다른 사람 눈에 찌질하게 보일지도 모른다는 생각에 원하지도 않는 물건을 구매하는 것으로 보인다.

개인의 내적 측면으로는 타인의 거절로 많은 상처를 받은 사람이 거절당하는 것에 대한 민감성 때문에 상대에게 부정적으로 보이지 않기 위해 원치 않는 것을 강요당하고도 이를 적절히 거부하지 못하는 것일 수 있다. 그들은 늘 다른 사람의 눈치를 살피고 혹시라도 상대의 기분을 상하게 하지 않을까 걱정한다.

이유야 어떻든 그런 사람에게 이렇게 말해주고 싶다. 하고 싶지 않은 일을 억지로 강요당하고 이에 굴복할 이유는 없다고 말이다. 원치 않으면 원치 않는다고 당당히 말해도 된다. 다만, 무례하지 않게 그리고 세련되게 표현하는 것은 당신의 몫이다. 커뮤니케이션 기술이 부족하다면 전문가에게 조언을 구하는 것도 한 방법이다.

얼마 전 지인이 들려준 이야기를 참고해도 좋을 듯하다. 일이 안 풀려서 점집에 갔는데 점쟁이가 부적을 쓰라고 강요했다고 한다. 부적 쓰는 데 얼마나 하는지 물으니 500만 원이라고 해서 이렇게 말했단다.

"제가 마음의 준비가 안 됐어요. 답답해서 점을 보러 오긴 했지만, 제가 마음이 불편한 상황에서 부적을 쓴들 그게 무슨 효용이 있겠어요?"

그러자 더 이상 강요하지 않더라는 것이다.

쇼핑이나 소비는 단순히 물건을 사는 행위를 넘어 그 사람의 스타일, 가치관, 삶의 질이나 태도 등과 밀접한 관련이 있다. 예를 들어 특정 브랜드를 고집하거나 비슷한 스타일의 옷만 입는 사람이라면 융통성이 없고 다양성이 결여되어 있다는 방증이다. 이런 사람은 시간이나 금전적인 면에서 인색한 경우가 많다. 쇼핑이나 소비를 하는 데 정도가 있다고 할 수는 없지만 나에게 최적의 소비 성향이 어떤 것인지 파악할 수는 있다. 나와 같이 내향적이면서 쇼핑을 별로 좋아하지 않는 사람은 필요한 물품 목록을 정해놓고 목표에 가장 근접한 것을 고르면 된다. 그러나 평소 정보가 많고 주변 환경에 민감하며 패션에도 관심이 많은 사람이라면 직접 발품을 팔면서 구매하는 것이 좋을 수도 있다. 어떤 것이든 당신이 선호하는 것이 답이다.

구석자리만 찾는 사람들

"사람은 인간 본성의 법칙에 따라
실존하고 행동할 수 있는 힘을 갖는 한에서만 자유롭다고 할 수 있다."

– 스피노자《윤리학》중

당신이 선호하는 영화관 좌석이 당신을 말해준다

질문

당신은 엘리베이터를 타면 어느 위치를 선호하는가?

1. 안쪽 모서리
2. 문 바로 옆
3. 좌우 벽 쪽
4. 정가운데

심리 테스트 결과

1. 안쪽 모서리 ···› 욕구불만이 많지 않고 자제심이 강함
2. 문 바로 옆 ···› 욕구불만이 많고 짜증스러워함
3. 좌우 벽 쪽 ···› 마음속에 불만이 쌓여 해소할 곳을 찾고 있음
4. 정가운데 ···› 호기심이 많아 새롭게 도전할 곳을 찾고 있음

앞의 테스트에서 당신은 어떤 선택을 했는가? 나는 생각해보니 주로 안쪽 모서리 또는 문 바로 옆에 서 있었던 것 같다. 별생각 없이 선택한 자리가 심리적으로 어떤 원인이 있을 수 있다는 생각은 흥미롭다. 그리고 어떤 사람은 엘리베이터라는 작은 공간에서조차 자신만의 공간, 편안함을 느낄 수 있는 공간을 선호하고 특히 구석자리를 선택하는 경우가 있다.

'구석'의 사전적 의미는 다음과 같다.

1. 모퉁이의 안쪽.
2. (방, 집, 촌 등의 뒤에 쓰여) 잘 드러나지 않는 치우친 곳을 속되게 이르는 말.
3. 마음이나 사물의 한 부분.

그리고 비슷한 의미의 '모퉁이'의 사전적 의미는 다음과 같다.

1. 구부러지거나 꺾여 돌아간 자리.
2. 사물이나 일의 어떤 한 부분.
3. 잘 모르는 장소의 어떤 부분.
4. 시간상의 어떤 대목.

정리해보면, 구석은 공간적·시간적·심리적 측면을 모두 포함한 안쪽이나 한 부분을 지칭하는 것으로 볼 수 있다. 그런 의미에서 우리가 왜 구석진 자리를 선호하는지 살펴보는 것은 나름의 의미가 있다.

당신이 선호하는 영화관 좌석 역시 당신을 말해준다.

영국 〈데일리메일〉은 심리학자 미즈키 히로미의 연구 결과를 인용, 영화관에서 어느 좌석을 선택하는지를 보면 그 사람의 성격을 알 수 있다고 보도했다. 이 연구 결과에 따르면 스크린을 정면으로 볼 수 있는 중앙 좌석을 택하는 사람은 자신감이 넘치고 결단력이 있는 편이다. 선호도가 높은 중앙 좌석은 일반적으로 일찍 예매가 마감된다. 그 때문에 중앙 좌석에 앉았다는 사실은 자기주장이 강하고 계획적이라는 것을 보여준다는 설명이다.

뒤쪽 중앙 좌석을 선호하는 사람은 침착한 성격일 가능성이 높다. 이들은 소심하고 다른 사람의 영향을 받는 걸 싫어하는 성향이 강하다. 반면 스크린과 가까운 좌석의 중앙을 선택한 사람은 다른 사람과 어울리기를 좋아하며 사교성이 높은 성향일 가능성이 크다.

그렇다면 출입하기 편한 구석 좌석은 어떨까. 가능한 한 뒤쪽 구석에 앉으려는 사람은 전체적으로 무슨 일이 일어나는지 파악하지 않으면 불안해하며 자신감이 부족한 경우가 많다. 반대로 앞쪽 구석을 선호하는 사람은 자신이 다른 사람에게 피해를 줘도 신경 쓰지 않는다.(Copyright ⓒ 조선일보 & Chosun.com)[24]

왼손잡이 수난 시대

어린 시절의 일이다. 가족이 모여 식사할 때면 나는 늘 긴장하곤 했다. 아버지가 왼손으로 밥을 먹지 못하게 했기 때문이다. 왼손으로 숟가락을 들라치면 영락없이 아버지의 한 말씀이 들려왔다.

"오른손으로 잡아야지" 하며 굳이 숟가락을 오른손에 들려주던 기억이 있다.

식사하는 동안 몇 번이고 지적을 받았다. 친할머니는 더 과격하셨다. 식사뿐 아니라 일상생활에서 내가 왼손으로 무언가를 하고 있으면 노려보셨고, 심지어 손등을 때리시기도 했다. 나는 답답한 마음에 아버지에게 이유가 무엇이냐고 여쭈었다. 뜻밖에도 대답은 간단했다.

"남들과 다르게 보여서 좋을 거 없다."

나는 그 뒤로 웬만하면 아버지와 밥을 먹지 않았다. 단순히 보기 좋지 않다, 남들과 다르다는 이유만으로는 내가 왼손을

---

24. 출처: http://news.chosun.com/site/data/html_dir/2013/10/16/2013101603417.html

사용하면 안 된다는 논리적 근거가 되지 못하기에 나를 설득할 수 없었다.

나는 정확히 말하면 양손잡이다. 밥을 먹고 그림을 그릴 땐 왼손을 사용하고, 다른 일상 활동에선 오른손도 사용한다. 하지만 사람들은 나를 왼손잡이로 인식했기에 나 스스로도 왼손잡이라고 말했다. 지금은 왼손잡이로 사는 게 약간 불편하고, 사람들의 시선을 끈다는 것 외에 별다른 의미는 없지만 어린 시절에는 대체 왜 왼손을 사용한다는 이유로 그런 수난을 겪어야 하는지 이해할 수 없었다.

우리 집이 특이했는가 하면, 꼭 그런 것만은 아니었다. 왼손을 사용하는 나를 동물원 원숭이 보듯 신기하게 쳐다보는 사람이 많았다. 그 시절만 해도 왼손을 쓰는 것은 '이상한' 행동이었다. 내 기억으로는 초등학교 다닐 때 오른손을 '밥 먹는 손'으로 지칭하기도 했는데, 이상하리만치 왼손은 천시되었다. 친구 중 하나는 나 같은 양손잡이가 아니라 진정한 왼손잡이였는데, 얼마나 오른손을 쓰라며 혼이 났는지 결국 오른손으로 밥을 먹었다. 친구는 지금도 어색하게 오른손으로 젓가락질을 하는데, 그 모습을 보면 우리가 성장한 어린 시절은 가히 왼손잡이 수난 시대라 해도 지나치지 않은 것 같다.

인간의 뇌는 우뇌와 좌뇌 두 부분으로 구성되어 있고 각기 다른 기능을 한다. 두 부분은 정보 처리 면에서도 차이가 있고 대뇌반구 중 한쪽이 우세한 것을 '편측성'이라 하는데 좌뇌는 언어, 논리, 분석, 계산 등과 관련이 있고 우뇌는 공간 지각력, 감성 능력과 관련되어 있는 것으로 알려져 있다. 그리고 두 부분은 뇌량을 통해 서로 정보를 주고받으며 상호 협력하고 각각 교차하면서 신경이 연결돼 있어 좌뇌는 오른쪽, 우뇌는 왼쪽 신체 활동을 제어한다. 따라서 왼손잡이는 우뇌를, 오른손잡이는 좌뇌를 더 많이 사용하게 된다.

이런 뇌의 편측성은 유아기에 이미 나타나기 시작하는데 대략 90%의 사람이 오른손잡이고, 나머지 10%만 왼손잡이라고 한다. 그래서인지 여러 문화권에서 왼손잡이는 별로 환영받지 못한 것으로 보인다. 영미권에서도 오른손을 'right hand'라 하는데 'right'는 '올바르다', '좋다'의 의미를 내포한다. 그렇다면 왼손잡이는 틀렸다는 의미일까? 물론 아니다. 왼손잡이는 나름의 이점을 가지고 있다. 권투나 야구 같은 경쟁적 상황에서 상대적으로 수가 적은 왼손잡이에게 이점이 있다는 것은 시사하는 바가 있다. 그럼에도 대부분의 도구나 시설은 오른손잡이에게 편하게 설계되어 있다. 그 때문에 왼손잡이가 스트레스를 많이 받고 수명도 짧다는 얘기가 있다. 중요한 점은 좌뇌와 우뇌 모두 잘 사용하는 것이 좋기 때문에 그중 어느 한쪽만 쓰도록 강요하는 것은 바람직하지 않다는 것이다.

시대가 변해 왼손을 쓰는 것이 아이의 두뇌 계발에 좋다는 얘기를 듣고 일부 극성스러운 엄마들이 아이에게 왼손을 쓰도록 강요한 적도 있다. 그러나 이 또한 바람직하지 않은 경우로, 타고난 재능이나 성향을 억지로 바꾸다 보면 결국 이도 저도 아니게 되어버린다. 물론 양손을 자유자재로 쓰는 것이 가장 좋겠지만, 한 손이라도 능숙하게 쓰는 편이 낫다. 둘 다 어색하게 사용하는 것보다는 말이다.

왼손잡이인 나는 그 때문에 식당에 가면 늘 구석을 찾아 그 자리를 선점하는 것이 습관이 되었다. 여러 명이 같이 식사해야 하는 상황이라면 더더욱 그렇다. 식사하면서 옆 사람과 팔이 부딪치거나 하는 불편함을 피하기 위해서였다. 그래서 "제가 왼손잡이라"라고 말하며 구석자리를 찾아가거나 그럴 수 없을 때는 옆 사람에게 양해를 구해야 마음이 편했다. 종종 식사하는 나를 보며 "어머, 왼손잡이세요?"라고 묻는 사람도 있었다. 그럴 때면 나는 무슨 잘못이라도 한 것처럼 겸연쩍게 웃으며 그렇다고 대답하곤 했다.

왼손잡이인 내가 구경거리가 되는 것도, 다른 사람에게 피해를 주는 것도 싫은 심리가 나를 구석자리 애호가로 만든 것이다. 그렇다면 특정 공간에 들어갔을 때 구석자리를 찾는 다른 이들은 어떤 이유로 그렇게 되었을까?

사람들의 시선이 불편하다!

구석자리를 찾는 또 다른 이유가 있을 수 있다. '사회불안'이 높은 사람들이다.

> 나는 30대 초반 여성이다. 내가 왜 구석자리를 좋아하는지 정확히는 모르겠지만 중앙보다는 구석자리가 마음 편하다. 워낙 시선 받는 걸 싫어하고, 내가 만든 어떤 작업물 때문에 불가피하게 타인의 시선을 받는 경우에도 웬만하면 얼굴 드밀고 나서는 건 싫어하는 편이다. 그래서 평소 복장도 무난하게 입고 구석자리가 없으면 창가 자리라도 찾아 앉는다. 사적인 일로 카페 같은 데 가서 마음에 드는 자리에 앉지 못하면 마음이 안정될 때까지 대화에 집중하지 못할 때도 있을 정도다. 마음에 드는 자리가 나면 냉큼 옮겨버린다.

사회불안은 사람들에게 주목받거나 관찰될 수 있는 상황을 상당히 불편해하는 것을 말한다. 즉 타인에게 면밀하게 관찰될 수 있는 사회적 상황에 노출되는 것을 극도로 두려워하거나 불안해한다. 그러한 상황의 예로 사회적 관계(대화를 하거나 낯선 사람을 만나는 것), 관찰되는 것(음식을 먹거나 마시는 자리), 다른 사람들 앞에서 수행을 하는 것(연설)을 들 수 있다.[25]

특히 다른 상황에서는 불안을 느끼지 않지만 사람들 앞에서 수행을 해야 하는 상황에서만 불안을 느낀다면 '수행형 단독'으로 명시된다. 예를 들어 음악가나 운동선수처럼 많은 대중 앞에서 수행을 해야 하는 경우가 이에 해당한다.

예전에는 '사회불안증'이 아닌 '공포증'이란 용어를 사용했는데, 1966년 마크Mark와 젤더Gelder는 사회공포증이란 먹는 것, 마시는

---

25. 사회불안장애Social Anxiety Disorder(사회공포증Social Phobia) 진단 기준
- 타인에게 면밀하게 관찰될 수 있는 사회적 상황에 노출되는 것을 극도로 두려워하거나 불안해함. 그러한 상황의 예는 사회적 관계, 관찰되는 것, 다른 사람들 앞에서 수행을 하는 것(연설).
- 다른 사람에게 부정적으로 평가되는 방향(수치스럽거나 당황한 것으로 보임. 다른 사람을 거부하거나 공격하는 것으로 보임)으로 행동하거나 불안 증상을 보일까 봐 두려워함.
- 공포, 불안, 회피는 전형적으로 6개월 이상 지속되어야 함.

(DSM-5 기준)

《정신 질환의 진단 및 통계 편람》, APA 지음, 권준수 외 옮김, 학지사 펴냄, 2014년.

것, 악수하는 것, 얼굴이 붉어지는 것, 글씨를 쓰는 것, 다른 사람이 있을 때 구토하는 것에 대한 두려움을 포함한다고 한다.[26] 최근에는 '불안'으로 용어를 변경했다. 이들은 부정적 평가를 받는 것에 상당히 민감한데, 사회불안증을 겪고 있는 사람들은 화가 났거나 경멸 어린 표정을 보았을 때 특히 강한 편도체 반응을 보인다고 한다.[27]

불안과 공포는 비슷하지만, 공포는 위협에 대한 즉각적 반응이고 불안은 앞으로 일어날 일에 대한 예측에 의해 발생하는 현상이다. 즉 공포는 당장의 위협에 대처해야 하기 때문에 그 상황에서 벗어나기 위한 도피 행동을 보이지만, 불안은 앞으로 닥칠지도 모르는 불길한 상황에 대처하는 것이므로 그런 상황의 발생을 막기 위해 회피 행동을 할 가능성이 높다. 즉 사회불안증을 겪는 사람들은 사회적으로 노출되는 상황을 재앙으로 인식하고 자신을 보호하기 위한 안전장치로 회피 행동을 한다는 것이다.

예전에 한 드라마에서 '대인기피증'으로 알려진 '사회불안장애'

26. 〈사회적 공포증 중학생의 인지행동 집단치료의 효과 검증〉, 김경숙 지음, 이화여자대학교 대학원 석사학위 청구 논문, 2002년.
27. 《정서심리학》, Michelle N. Shiota, James W. Kalat 지음, 민경환 외 옮김, CengageLearning 펴냄, 2015년.

를 다룬 적이 있다. 심각한 사회불안증을 겪고 있는 주인공(최강희 분)[28] 은 외출을 극도로 꺼리고, 어쩌다 외출해야 하는 상황이 되면 불안을 감추기 위해 오토바이 헬멧을 쓰고 다녔다. 또한 그녀는 자신이 노출되는 상황, 낯선 사람들을 만나거나 낯선 장소에 가는 경우 얼굴이 심각하게 붉어지는 적면공포증을 겪고 있었다. 적면공포증은 공포로 얼굴이 붉어지는 현상을 말한다. 대개 얼굴이 붉어지는 증상에서 점점 심해지면 시선공포증(사람의 얼굴을 쳐다보지 못하고 눈을 맞추지 못함)으로 가는데, 이런 사람은 스스로 당황할 것 같고 바보같이 행동할 것 같은 상황이 오면 이를 어떻게든 회피하고 싶어 한다.

사람이 많이 모이는 장소에 가야 할 경우 노출이 심한 자리에 서게 된다는 생각만으로도 끔찍한 일이다. 그래서 가능한 한 눈에 띄지 않는 구석자리를 찾아 마음을 가라앉히는 것이다. 특히 어떤 행위를 수행할 때 불안 증세가 심해지는(수행형 단독, 어떤 일을 수행할 때 불안증이 심해지는 경우) 사람들이 있다. 이런 경우 사람들

28. 〈하트 투 하트〉
(**극본** 이정아 **연출** 이윤정, 2015년 방영)
'사회불안장애'를 가진 여성이 정신과 의사를 만나 사랑을 느끼고 상처를 치유해가는 과정을 그렸다.

에게 주목받는 교사나 교수, 가수, 운동선수, 무용수 등의 일을 수행하긴 어려울 것이다.

불안은 위험을 알리는 몸의 신호로 우리의 생존을 위한 필수 요소다. 하지만 사회불안은 사회관계를 맺어야 하는 인간에게 치명적일 수 있다. 그럼에도 왜 이런 불안이 발생하는 것일까? 우리가 타인과 관계를 맺으며 느끼는 다양한 감정 중 불편한 감정, 예를 들어 분노나 적개심 같은 감정을 타인에게 드러내면 불이익으로 돌아올 수 있다고 인식함으로써 발생하는 것이 아닐까 싶다. 그래서 이런 감정이 드러나지 않도록 억압하게 되는데, 혹시라도 이런 감정이 자신도 모르게 표출될지 모른다는 두려움이 불안을 가중시킬 수 있다.

이런 이유 외에도 인간이 스스로 보호하기 위해 자신을 드러내지 않고 숨는 것은 어쩌면 당연한 일인지도 모른다.

드러낼 것이냐, 숨을 것이냐

철학자 피에르 자위가 쓴 《드러내지 않기 혹은 사라짐의 기술》[29]이라는 흥미로운 제목의 책이 있다. 언제부턴가 자기 자신을 드러내는 것이 미덕이 된 이 시대에 '드러내지 않기 위한 기술'이라니, 의구심이 들 수도 있다. 하지만 자신을 드러내지 않음으로써 얻는 이득이 분명히 존재한다는 것을 알게 될 때 인식의 전환이 이루어질 수 있다.

드러내지 않기의 기원을 들여다보면 비단 심리적 이유만이 아니라 생존을 위한 이유 또한 있다는 사실을 알 수 있다. 아주 오래전 모든 생명체는 자신을 드러내지 않음으로써 생존을 이어왔다. 자신보다 강한 존재로부터 스스로 보호하고 살아남기 위해 '위장과 기만의 기술'을 활용해왔다는 것이다. 하지만 이 위장과 기만의 기술이 비단 약자만의 것은 아니다. 맹수조차 자신의 존재를 숨길 때가 있다. 자신의 존재를 바로 드러내면 사냥감은 멀찌감치 달아나버리기 때문이다. 즉 자신을 드러내는 것은 상대에게 자신을 노출시키는 것이기에 상당한 위험이나 손실을 초래할 수 있다는 것은 시사하는 바가 크다.

그러나 이 책에도 서술한 것처럼 드러내지 않는 것은 단지 위험이나 손해를 피하기 위해서만이 아니라 다른 미덕도 있다. 이를테

29. 《드러내지 않기 혹은 사라짐의 기술》, 피에르 자위 지음, 이세진 옮김, 위고 펴냄, 2017년.

면 어린아이들이 놀이에 빠져 있는 상황을 엿보게 되었을 때, 잠깐 자리를 비운 사이 초대한 손님들이 이야기에 빠져 누군가가 있는지 없는지도 의식하지 못할 때 등이 드러내지 않기의 미덕이 발현되는 순간이다. 자신을 바라보는 누군가를 의식하지 않기 때문에 꾸미지 않은 그들의 순수한 모습을 잠시나마 감상할 수 있는 특권이 주어지는 것이다.

이 외에도 우리는 여러 가지 형태로 드러내지 않기를 즐길 수 있다. 예를 들어 지난해에 전국을 뒤흔든 국정 농단 사태에 분노한 국민이 촛불을 들고 광장으로 몰려나왔고, '대통령 탄핵'이라는 대한민국 초유의 사태를 만들어냈다.

그렇다면 시위에 참가한 한 사람 한 사람은 자신의 뜻을 드러낸 것이므로 자신을 드러낸 것일까, 아닐까? 이 책의 저자에 의하면 "시위 참가자는 자신을 드러내야 하는 시위 현장에서 굳이 감추지 않아도 자신이 사라지는 그 점을 즐긴 것"이다. "다수가 참여하는 시위가 지닌 매혹은 뭔가를 보여주고 입증하거나 혹은 리더의 사람됨에 자신을 동일시하는 데 있지 않고 오히려 모두의 익명화를 즐기는 것"이라는 것이다.

우리는 자신의 책임을 망각하고 국기 문란을 야기한 대통령과 그 측근에게 죄를 묻되, 개개인이 주목받기 위해 자신의 의견을 피력한 것이 아니라, 전 국민의 뜻을 한마음으로 외친 것이다. 개개인이 그 현장에 자신이 묻힐 것을 알면서도 흔쾌히 암묵적으로 묵인한 상황이다. 2002년 월드컵 때도 우리는 대한민국 국민으로 스스로를 익명화하면서 각자의 존재를 잊는 '합일'을 경험했다.

자신의 존재를 잊는 것, 기꺼이 군중 속으로 숨어드는 것은 자의식의 과잉에서 벗어나 한 무리에 융화되는 자신을 인식하는 과정이기도 하다. 그래서 구석자리를 차지하기 위한 쟁탈전은 종종 의미가 있다. 독서실이나 피시방에서도 가장 인기 있는 자리는 구석이다. 옆과 뒤가 벽으로 둘러싸여 있는 그 끄트머리 자리는 나를 지지하고 보호해주는 공간이 되고, 다른 사람에게 방해받지 않는 최적의 공간이 된다. 엘리베이터를 탈 때도 우리는 본능적으로 구석으로 파고든다. 중앙에 버티고 서면 타인에게 방해가 되기 때문이다. 그렇게 구석자리를 차지한 후 그곳에서 다른 사람의 행동이나 반응을 살피는 것도 하나의 즐거움이 될 수 있다. 즉 모퉁이의 두 면이 자신을 지지해주는 역할을 하면서 완전히 폐쇄되지 않고 한편으로는 소통이 가능한 공간이라는 점이 구석자리를 선호하는 이유인 것 같다.

심야버스를 타고 어디론가 향할 때를 상상해보라. 맨 뒤 구석자리는 내가 꼽는 명당자리 중 하나다. 문이 닫히고 버스가 달리기 시작하면 밖은 온통 컴컴해서 창밖 풍경 대신 차창에 비친 내 얼굴만이 나를 바라보고 있다. 시간 가는 줄 모르고 상념에 빠지기 좋은 환경이다. 이윽고 버스 안을 밝힌 불이 꺼지고 사람들이 하나둘 잠들기 시작할 무렵 준비한 맥주 캔을 꺼내 한 모금 들이켤 때의 짜릿함……. 목을 타고 흐르는 맥주의 싸한 느낌에 노곤한 몸의 긴장이 풀리고 마음은 적당히 촉촉해진다. 모두가 잠든 밤, 달리는 버스 안에서 그렇게 홀로 고독을 달래는 기분이란……. 깨어 있되 나를 잊게 되는 그런 순간이다.

세상의 중심이 되고 싶은 사람

구석자리의 반대, 중앙이나 맨 앞자리는 지위나 권위를 의미하는 것일 수 있다. 그래서 대개 연장자나 지위가 있는 사람에게 주어지는 자리, 즉 VIP석은 중앙의 맨 앞줄에 위치하기에 사람들은 그 자리가 자신의 자리가 아니라 생각하고 양보하는 것일 수 있다. 그런데 생각해보면 학교에 다닐 때 소위 모범생이나 공부 잘하는 친구들은 맨 앞줄, 그것도 중앙에 앉는 경우가 대부분이었다. 나는 방해받고 싶지 않아 늘 뒷자리나 구석자리를 선호했지만, 어떤 경우에는 앞자리를 선택할 수도 있다. 이런 경우 수업을 좀 더 열심히 듣고자 하는 열망, 스스로에 대한 자신감이나 남들 사이에서 돋보이고 싶은 욕구, 강단에 선 이와 좋은 관계를 맺고 싶은 바람 등이 반영된 것이라고 할 수 있다.

직접 강의를 해보니 앉아 있는 학생들 하나하나의 표정과 행동이 모두 눈에 들어오고, 수업 태도에 따라 그 학생의 성향을 어느 정도 분석할 수 있다. 대개 앞쪽에 앉아 있는 학생들은 집중해서 수업을 들으며 반응도 좋다. 그들은 나와 직접 눈 맞추기를 꺼리지 않고 이야기할 때마다 고개를 끄덕이며 호응해준다. 이러니 당연히 그들에게 호감을 느낄 수밖에 없다. 반면 뒷자리나 구석자리를 차지한 사람들은 뭔가 불만이 있는 듯한 표정으로 앉아 있거나 고개를 숙인 채 다른 일을 하기도 한다. 그래서 강단에 서면 앞쪽보다는 뒤쪽에 신경을 쓰게 된다. 입장이 바뀌고 보니 예전의 내 모습이 떠오르기도 하고, 각자 앉은 자리가 그 사람의 성향과 관련되어 있음을 새삼 깨닫게 된다. 즉 일정한 상대와 일정한 거리를 둠으로써 심리적으로 자신을 보호하고 방어하기 위한 것일 수 있다는 말이다.

이는 어떤 면에서 소극적이고 타인의 시선을 부담스러워하는 소심함, 또는 자신을 낮추고 타인을 배려하는 겸손이라는 말로 위장

되어왔다. 그러나 자신을 낮추고 타인을 배려하는 행위가 순수하게 타인만을 위한 것은 아니다.

'모난 돌이 정 맞는다'라는 말이 있다. 너무 도드라지거나 눈에 띄면 공격의 대상이 될 수 있다는 얘기다. 예전에 한 교수님이 하신 말씀이 생각난다. "일인자가 되려고 노력하지 마라!"였다. 일인자는 사람들에게 선망의 대상이지만 질투의 대상이 되기도 하기 때문에 직접적 공격의 대상이 될 수 있다는 것이 그 이유였다. 좀 불편할 수 있지만 자신을 낮추는 것, 즉 겸손은 상대에게 불쾌감을 주지 않으면서 자신을 보호하는 최적의 수단일 수 있다. 겸손과 구석자리가 무슨 상관이 있느냐고 할 수 있지만, 구석자리는 자신을 숨기면서 한편으로 가장 편안하게 자신을 드러낼 수 있는 공간이라는 생각이 든다. 구석자리를 찾는 경향의 극단적 형태는 '은둔형 외톨이'라고 할 수 있다.

영화 〈김 씨 표류기〉[30]에는 2명의 김 씨가 나온다. 한 명은 빚에

30. 〈김 씨 표류기〉

(**감독** 이해준 **주연** 정재영, 정려원, 2009년 개봉)

남자 김 씨(정재영 분)와 여자 김씨(정려원 분)가 우연한 기회에 서로 알게 되고 관심을 갖게 되면서 치유되는 과정을 코믹하게 그렸다.

시달려 자살을 시도했다가 밤섬에 표류하게 된 남자 김 씨, 다른 한 명은 자신의 방에 갇혀 오로지 인터넷으로만 소통하고 망원경 너머 세상을 염탐하는 것이 유일한 취미인 여자 김 씨다.

여기서 여자 김 씨는 은둔형 외톨이[31]의 전형을 보여준다. 엄마와도 단절된 채 방 안에 갇혀 살고 있다. 그런 그녀를 움직이게 한 사건이 발생한다. 망원경으로 밖을 바라보다 우연히 'HELLO'라는 단어를 발견한 것이다. 밤섬에 표류한 남자 김 씨가 모래사장에 써놓은 'HELP'가 물에 쓸려 HELLO처럼 보이게 된 것을 그녀는 누군가가 자신에게 보내는 메시지라 믿고 남자 김 씨를 만나기 위해 3년 만에 외출을 감행한다.

그녀가 왜 은둔형 외톨이가 되었는지는 영화에 자세히 나오지 않는다. 그녀의 얼굴에 있는 흉터와 가짜로 꾸민 미니 홈피에 달린 댓글을 통해 그녀가 중·고등학교 때 왕따를 당한 경험이 있다는 것을 간접적으로 알 수 있을 뿐이다. 어릴 적 친구들에게 소외되고 왕따를 당한 경험은 그녀로 하여금 세상을 위험한 곳으로 인지하게 했을 것이다. 그녀는 엄마의 자궁과도 같은 자기만의 방

31. 은둔형 외톨이는 6개월 이상 특정 장소, 대개 자신의 방에 은둔해 지내면서 필요한 최소한의 행동만 하는 사람을 말한다. 일본에서 처음 발견된 현상으로 '히키코모리'라고도 한다.

으로 퇴행해버린다. 퇴행은 이전의 발달 단계로 되돌아가는 것으로 극심한 스트레스를 받았거나 컨디션이 좋지 않을 때 흔히 이런 현상이 나타난다. 누구나 집 안에 콕 박혀 아무것도 하지 않고 사람들과 연락도 끊은 채 티브이를 보며 하루 종일 과자나 음료 등을 먹고 마시며 시간을 보낸 경험이 있을 것이다. 그러나 대부분의 건강한 사람은 이런 시간이 오래가지 않고 원래 생활로 복귀한다.

문제는 이런 퇴행이 고착화된다는 것이다. 여자 김 씨의 경우 3년 동안 세상과 단절된 생활을 해왔다. 그녀는 실제로 옷장 안에서 잠을 자는 등 엄마의 자궁을 연상시키는 환경에서 나름의 안식을 찾고 있다. 엄마와도 소통하지 않은 채 역기능적이긴 하지만 독립된 홀로서기를 하고 있는 것이다. 마치 자궁 속 태아와 엄마의 관계처럼. 태아와 엄마는 탯줄로 연결되어 있지만, 한편으로는 각각 독립된 세계에 있다. 그렇게 태어나기 전의 상태로 그녀는 퇴행해 숨어버린 것이다. 그러나 그런 그녀에게 변화가 생긴다. 밤섬에 표류한 남자 김 씨를 발견한 후 그에 대한 호기심, 관심이 그녀를 움직이게 한다.

몇 년 전 모 방송에서 〈자연인〉이라는 프로그램을 방영했다. 몹쓸 병에 걸렸거나 사업에 실패한 사람, 세상에 지친 사람들이 자연 속으로 들어가 새로운 삶을 사는 모습을 보여주었는데, 의외로 큰 반향을 일으켰다. 지친 현대인에게 자연은 엄마의 품처럼 언제나 되돌아가고 싶은 그 무엇인 것이다.

"세계와 너의 싸움에서 세계를 보좌하라"

카프카는 1917년 12월 8일 일기에 이 문장을 남기면서 최소한 두 가지를 말하고 싶었던 듯하다. 우선은 그저 순수하게 세계에 존재할 수 없음을, 그리고 세계가 그로 하여금 외부의 존재나 사물과의 적당한 거리를 찾아 끊임없이 투쟁하게 한다는 것을 말하고 싶었을 것이다. 너무 가까우면 잡아먹히고(세계와 맞서야 하는 이유), 너무 멀면 외롭고 버림받은 느낌이 들기 때문이다(세계를 편 들어야 하는 이유).[32]

이 세계는 권력의 속성과도 비슷하다. 권력에 너무 가까이 다가가면 타 죽고 너무 멀어지면 얼어 죽는다는 말이 있다. 우리는 권

32. 《드러내지 않기 혹은 사라짐의 기술》, 피에르 자위 지음, 이세진 옮김, 위고 펴냄, 2017년.

력이나 세계에서 너무 멀지도, 너무 가깝지도 않은 적절한 거리를 유지하고 경계하며 건강하게 살아가는 방법을 배워야 하는데, 구석자리를 찾는 사람들은 어쩌면 이 사실을 본능적으로 알고 있는지도 모른다. 구석이든 아니든 사람마다 편안하게 느끼는 자리는 조금씩 다를 수 있다. 그리고 어느 순간 구석자리를 고집하지 않게 될 수도 있다. 이는 부지불식간에 스스로를 보호하고 지지하며, 세상과 자연스럽게 소통하며 살아가는 방법을 터득했다는 의미로 받아들여도 좋을 것 같다.

말은 서로 소통하는 것이 중요하다

"언어는 인류의 기억이다.
언어는 모든 시대를 관통하여 하나의 공통 선상에 묶어준다.
또한 전진하는 존재로 연결하는 생명의 실오라기나 신경과도 같다."

– 이원복 《서양 명언집》 중

낯선 사람에게 먼저 말 건네기가 두렵다

나는 30대 초반 남자다. 평소 조용한 성격으로 사람들은 내가 착하고 과묵한 사람인 줄 안다. 그러나 사실은 말주변이 없어서 실수를 하지는 않을까 조심하는 것뿐이다. 게다가 낯선 사람과 함께 있을 때는 더욱 말이 없어진다. 특히 여자 앞에서는 더더욱 말을 못한다. 여자들이 나를 재미없고 지루한 남자로 생각할 것 같아 소개팅도 잘 하지 않는다. 이런 나에게 사람들은 자신감을 갖고 여자들에게 대시해보라고 조언하지만 그러면 그럴수록 나 자신이 작고 초라해지는 것 같다. 그래서 스피치 학원에 다녀볼까 생각도 했지만, 별 소용이 없을 것 같아 그것도 그만두었다.

나도 말을 잘하고 유머러스한 사람이 되고 싶다. 어떻게 하면 될까?

우리는 말을 잘하는 사람에 대한 일종의 선망이 있는 것 같다. 그래서 말을 잘하는 연예인이나 개그맨은 인기가 많다. 적어도 말을 잘하면 언어능력이 발달했다는 것을 의미한다. 그리고 말은 일상생활은 물론 대인 관계를 유지하는 데에도 매우 중요한 요소다.

말speech은 음성으로 전달하는 언어로 단순한 소음이나 소리가 아니라 의미를 가진 소리다.[33] 어린아이들이 어떻게 말을 배우는지 관찰해보면 그것이 관계에서 비롯된다는 사실을 알게 된다.

갓 태어난 아기는 울음으로 양육자에게 신호를 보낸다. 민감한 양육자는 대부분 그 신호를 듣고 아기에게 달려가 우는 이유를 살핀다. 배가 고픈지, 잠이 오는지, 아픈지 그 이유를 살피고 시간이 지날수록 아기가 우는 이유를 민감하게 알아차려 적절한 조

33. 언어language는 소리뿐 아니라 글이나 수화 등 다양한 매체를 포함하고, 의사소통communication은 비언어적 태도나 행동까지 아우르기 때문에 보다 광범위하다.

치를 취하게 된다. 그렇게 아기와 양육자 사이에 애착이 형성되고, 아기는 세상이 믿을 만하다고 느끼게 된다. 아기는 신체적·정신적·심리적으로 미성숙하기 때문에 말을 할 수 없지만, 양육자의 말과 행동을 통해 조금씩 그 의미를 이해하게 된다. 그러면서 한편으로 끊임없이 자신의 구강 기관을 탐색하며 소리를 내기 시작하는데, 흔히 말하는 '옹알이'가 그것이다. 그러다 우연히 소리를 내게 되고, 그것이 우리에게 의미 있는 소리인 경우 반응을 하면 그 반응에 따라 아기는 점점 말을 배우게 된다.

예를 들어 아기가 우연히 '마' 소리를 냈다고 하자. 이 소리를 들은 엄마는 놀라 "엄마 했어?"라며 환호를 보낸다. 이런 반응이 아기에게는 일종의 보상이 될 것이다. 그리고 점점 더 '엄마'와 비슷한 발음을 하게 될 것이다. 아기는 이렇게 자연스레 언어를 습득하게 된다. 그런데 말이나 언어의 습득은 '듣는 것'에서 출발한다. 그렇기 때문에 말을 잘하고 싶다면 먼저 잘 들어야 한다. 잘 들으면 그 사람이 무슨 이야기를 하는 건지, 무슨 이야기를 하고 싶은 건지 알 수 있다.

상담의 기본 기술도 듣기, 즉 '경청'에서 시작된다. 듣지 않으면 아무것도 할 수 없다. 그러나 진심으로 상대의 말에 귀 기울이는 것은 쉽지 않다. 나 자신의 문제만으로도 머리가 지끈거리는 상황에서 다른 사람의 이야기에 집중하기는 쉽지 않다. 그러나 잘 듣다 보면 해결책이 보인다. 진정한 대화를 하고 싶다면 상대의 눈높이에서 진지하게 그의 이야기를 들어주어야 한다. 그런 다음 자연스럽게 질문을 이어가면 자신의 이야기를 잘 들어준 사람에게 호의를 보일 것이다.

말을 잘하는 것도 중요하지만, 말을 잘한다 해도 타인의 말을 잘 듣지 않고 자기 할 말만 하거나 잘난 척하는 사람은 호감을 얻기 힘들다. 나이를 먹었음에도 자기중심적 사고에서 벗어나지 못해 자기 자랑만 늘어놓는 사람을 이따금 보게 된다. 그들의 특징 중 하나는 타인을 비하함으로써 자신의 가치를 높이는 것인데, 결국 그런 행위는 사람들에게 불쾌감을 줄 뿐이다.

유쾌한 모 배우의 이야기를 하고 싶다. 그는 다양한 취미를 즐기며 독서광으로도 잘 알려져 있다. 리얼 버라이어티 프로그램에서 모기에게 물리지 않기 위해 후배들이 온몸에 약을 뿌리자 심각한 목소리로 그가 말한다.

"그게 얼마나 안 좋은지 알아?"

놀라 멈칫한 후배들을 향해 그가 다시 던진 말.

"모기들한테."

그의 유머가 빛을 발하는 건 상대를 비하하거나 상처를 주지 않으면서 기발함이 숨어 있기 때문이다. 그는 내가 보기에 수줍음이 많은 성격이다. 그런 성격을 보완하기 위해 나름의 기술을 연마했을 수 있다. 상대에게 유쾌한 웃음을 선사하는 것이다. 그의 유머는 인간미가 느껴질 뿐 아니라 서로의 경계를 허물고 자연스럽게 친밀감을 유도한다.

침묵은 금인가, 독인가

상담을 하다 보면 내담자가 입을 열지 않는 경우가 종종 있다. 이런 경우 서둘러서 침묵을 깨려고 시도하는 것은 좋지 않다. 침묵하는 이유를 알아보고 그에 맞게 대처해야 한다.

침묵은 이런 의미일 수 있다.

- 생각 중이다.
- 감정에 압도되었다.
- 심중의 말을 하고 싶지 않다.
- 상담자의 반응이 두렵다.
- 이야기가 누설될까 봐 걱정된다.
- 적당한 말을 찾지 못했다.

• 마음의 평정을 찾고 싶다.

상담자는 내담자가 침묵을 지키는 이유를 짐작할 수 있다. 얼굴 표정, 눈의 초점, 사소한 동작 등이 침묵의 의미를 이해할 수 있는 단서를 제공한다. 그래도 침묵의 의미를 이해하기 어려우면 다음과 같은 질문을 할 수 있다.

"무슨 말을 해야 할지 모르는 것처럼 보입니다. 정말 그런가요?"

"지금 피드백을 주실 수 있겠습니까? 침묵하고 계신 이유를 모르겠군요."[34]

대부분의 사람은 상대가 침묵하면 당황하거나 불편해한다. 그 순간을 견디지 못해 끊임없이 이야기를 이어가는 사람이 있다. 특히 낯선 사람과 함께 일정 시간 머물러야 한다면 침묵이 더더욱 불편하게 느껴질 수 있다. 낯선 이에게 말을 거는 것조차 꺼리는 사람도 있는데, 혹시라도 실수를 해서 더 어색해지지 않을까 염려하기 때문일 수 있고 어떤 말을 해야 할지 생각나지 않아 고민하다 시간을 보내버리는 경우도 있다. '무슨 말을 해야 하지?'라는 생각을 계속하다 보면 더욱 할 말이 없어지는데, 이는 '사고 억

34. 《상담 및 심리치료의 기본 기법》, Jeanne Albronda Heaton 지음, 김창대 옮김, 학지사 펴냄, 2006년.

제 이론의 역설적 효과'로 설명할 수 있다. 사회심리학자 대니얼 웨그너가 1987년에 발표한 논문에 이와 관련한 흥미로운 실험 결과가 실려 있다. 그는 피험자들에게 '흰곰'에 대해 생각하지 말고 떠오르는 생각을 말하도록 했다. 이후 흰곰에 대한 생각이 떠오르면 벨을 누르게 했더니 처음부터 흰곰을 떠올리게 했을 때보다 흰곰에 대한 생각을 더 많이 하더라는 것이다. 즉 흰곰에 대한 생각(사고)을 억제한 것이 오히려 흰곰에 대한 생각을 부추기는 역설적 효과를 낸 셈이다. 이를 통해 강박적 성향이 있는 이들이 많이 하는 침투적 사고를 억제하는 효과를 볼 수 있다.

아무튼 원치 않는 생각이나 기분, 느낌이나 감각 등을 억지로 통제하려고 하면 할수록 의도와는 반대로 역설적 결과를 가져오기 때문에 어색함을 덜기 위해 억지로 말을 하려 하면 더욱 말이 빈곤해지는 결과를 낳을 수 있다는 것을 알 필요가 있다. 이럴 땐 속으로 이렇게 되뇌는 것이 나을 수 있다. '이 사람과 함께 있는 것이 불편한가 봐. 내가 불편하면 저 사람도 불편하겠지?', '서두르지 말고 생각이 떠오를 때까지 기다리자'라는 식으로 자신의 심리 상태를 고려할 필요가 있다. 낯선 사람이 불편하고 어색한 것은 어쩌면 당연한 일이다.

누구나 의례적으로 하는 말을 한두 마디 건네는 것도 나쁘지 않다. "날씨가 많이 추워졌죠(더워졌죠)?" 같은 말은 부담 없이 누구에게나 할 수 있으니까. 상대가 잘 받아주면 좋겠지만 반응이 뜨뜻미지근하면 그냥 내버려두는 것이 좋다. 상대가 별로 이야기하고 싶지 않다는 의미일 수 있기 때문이다.

말이 너무 많아도 병,
너무 없어도 병이다

얼마 전 검사 의뢰가 들어왔다. 고등학교 3학년 남학생인데, 초기에 면접한 선생님이 고개를 절레절레 흔들며 "선생님, 너무 정신이 없어요. 힘드실 거예요"라고 한다. 검사실 안에 선 그 아이가 나를 보더니 웃으며 말을 건넨다. "선생님, 언제 끝내주실 건가요? 설마 오늘 안으로는 집에 보내주시는 거죠? 저 집에 가는 데 두 시간 걸려요." 무엇이 그렇게 좋은지 벽에 머리를 기대고 서서 킥킥대며 웃는다. 나는 모르는 척하고 의자에 앉아 테이블 위에 검사 도구를 올려놓았다. 내가 반응을 보이지 않자 따라와 앉더니 다시 같은 질문을 반복한다. 그래서 짧게 "너 하는 거 봐서"라고 말한 후 질문을 이어갔다. 아이가 다른 말을 할 틈을 주지 않고 질문한 후

답을 하면 다음 질문을 하는 식으로 진행하며 불필요한 말을 끊을 필요가 있었다.

아이는 그런대로 잘 따라와주었다. 검사 결과, 아이는 주의력 결핍 및 과잉행동장애Attention-Deficit/Hyperactivity Disorder, ADHD[35]가 의심되었다. 이 장애를 지닌 아이들은 집중하지 못하고 과잉행동을 보이는데, 핵심 증상으로 주의력 결핍과 과잉행동, 충동성을 들 수 있다. 주의력은 선택적으로 집중할 수 있는 능력을 말하는데, 가령 학교에서 수업을 듣고 있을 때 밖에서 다른 소리가 들려도

---

35. 주의력 결핍 및 과잉행동장애ADHD 진단 기준

1. 주의력 결핍 : 다음 증상 가운데 6개 이상(후기 청소년기나 성인의 경우에는 5개 이상)이 적어도 6개월 동안 지속될 때.
   ① 부주의한 실수. ② 지속적인 주의 집중 실패. ③ 경청하지 못함. ④ 주어진 업무 수행의 어려움. ⑤ 체계화의 어려움. ⑥ 지속적인 정신적 노력을 기울이지 못함. ⑦ 물건을 자주 잃어버림. ⑧ 외부 자극에 의해 쉽게 산만해짐. ⑨ 일상적 활동을 잊어버림.
2. 과잉행동, 충동성 : 다음 증상 가운데 6개 이상(후기 청소년기나 성인의 경우에는 5개 이상)이 적어도 6개월 동안 지속될 때.
   ① 종종 손발이나 몸을 꿈틀거림. ② 교실이나 다른 상황에서 자리를 떠남. ③ 부적절한 상황에서 지나치게 뛰어다니거나 기어오름. ④ 조용히 여가 활동에 참여하거나 어울리지 못함. ⑤ 끊임없이 움직이거나 마치 태엽 풀린 장난감 자동차처럼 행동함. ⑥ 지나치게 수다스러움. ⑦ 질문이 끝나기 전에 성급하게 대답함. ⑧ 자신의 차례를 기다리지 못함. ⑨ 다른 사람의 활동을 방해하거나 침해함.
3. 주의력 결핍 또는 과잉행동, 충동성 증상은 12세 이전에 나타난다(DSM-5 기준).

대부분의 아이들은 그 소리를 무시하고 수업에 집중할 것이다. 그러나 이런 아이들은 주변의 다른 소리에 쉽게 주의력이 흩어진다. 즉 중요한 자극과 그렇지 못한 자극이 있을 때 그런 것과 상관없이 주의력이 분산되고, 중요한 자극을 선별해 집중하는 데 실패한다. 그래서 부주의하고 충동적이며 과잉행동을 보이는 것이다. 이는 기질적 문제에 기인한 것으로 이들의 의도와는 상관없다. 그러나 주변에선 말을 안 듣는 산만한 아이로 오해하기 쉽다. 그래서 늘 지적받고 혼나는 경우가 많은데, 실제 임상 현장에서 이런 아이를 보면 마치 태엽 풀린 장난감 자동차처럼 세포 하나하나가 따로 움직이는 것 같은 느낌이 들 정도로 끊임없이 움직인다. 이런 증상이 있는 사람들의 특징 중 하나가 지나치게 '수다스럽다'는 것이다. 밑도 끝도 없는 이야기를 쉼 없이 떠들어댄다. 마치 에너자이저처럼 움직이지만, 실제로 내면을 들여다보면 자존감이 낮고 위축되어 있는 경우가 대부분이다. 적절히 개입해 치료하지 않으면 성인이 되어도 이런 증상은 지속될 수 있다.

예전에 대학 다닐 때의 일이다. 팀 과제를 위해 한 친구를 만나야 했다. 당시 자취를 하고 있었던 나는 그 친구를 집으로 초대했다. 그러나 곧 그 선택을 후회하게 되었다. 집에 도착하자마자 봇물처럼 쏟아내는 그의 이야기에 도저히 집중할 수 없었다. 과제는

커녕 그가 끊임없이 늘어놓는 얘기를 듣고 있자니 현기증이 날 정도였다. 자신도 그런 상태를 조금은 인지했는지 그만 가봐야겠다며 가방을 싸면서도 정작 일어나지 않는 것이다. 떠밀듯이 그를 보내고 나서 두통약을 먹고 잠을 청해야 했다. 그리고 과제도 혼자 해야 했다. 다시 그를 만날 자신이 없었다. 지금 생각해보면 그는 ADHD가 분명한 것 같다. 예전에는 성인에 대한 기준이 없었으나 최근 청소년기 후기와 성인기에 대한 기준이 추가되었다. 그러니까 성인이 되어도 적절한 치료를 하지 않으면 이런 증상은 지속될 수밖에 없으며 자신과 타인은 물론 사회생활에도 악영향을 미치게 된다.

이 외에 흔히 조증 상태에 있는 경우에도 지나치게 말이 많아질 수 있다. 양극성 장애Bipolar Disorders[36], 흔히 '조울증'으로 알려진 이 장애는 우울한 기분과 매우 고양된 기분이라는 양극단을 왔다 갔다 하는 '감정의 롤러코스터'로 기술된다. 영어 Bipolar의

---

36. 양극성 장애(조증삽화) 주요 증상
① 자존심과 자신감이 지나침. ② 수면 욕구 감소. ③ 평소보다 말이 많아지고 쉼 없이 말을 이어감. ④ 사고의 비약이 있거나 생각이 계속해서 떠오름. ⑤ 외적 자극에 쉽게 주의력이 흩어짐. ⑥ 목표 지향적 행동의 증가. ⑦ 과소비나 무분별한 성행위, 사업 투자 등 쾌락적인 활동에 지나치게 몰두함으로써 고통스러운 결과를 초래함(DSM-IV 기준, 조증삽화).

'bi'는 둘이라는 의미고 'pole'은 극(단)을 뜻하는데, 기분이 양극단을 오간다는 의미에서 양극성 기분장애라고 한다. 이 경우에도 조증 상태일 때 지나치게 수다스러운 경향이 있다. 이들의 경우 끊임없이 생각이 떠오르는 것이 원인으로 보인다.

얼마 전에 만난 내담자도 말이 너무 많아 주변 사람들을 지치게 하는 케이스였다. 이런 경우 다소 산만하고 주의력이 분산되며, '히스테리성 성격장애'의 특성을 보인다. 히스테리성 성격장애를 지닌 사람은 지속적으로 타인의 관심과 사랑을 요구한다. 타인의 인정에 대한 욕구가 상당히 강력해 지속적으로 상대의 관심과 주의를 끌기 위한 행동을 보이는데, 과도한 몸짓과 억양 그리고 수다스러움이 그 예다. 이 경우에도 지속적으로 대화를 이어가고자 했는데, 말하고자 하는 요점이 무엇인지 파악하기가 너무 어려웠다. 30분쯤 지나고 나서야 그 의도를 어렴풋이 파악할 수 있는 정도였다. 자신이 말하고자 하는 의도를 상대에게 정확하게 전달하지 못하면 결국 소통에 실패할 수밖에 없다. 이런 이유로 자신의 노력과 상관없이 주변 사람들로부터 소외되는 경우가 많고, 그로 인한 상처가 뿌리 깊게 내재되어 있었다. 그러나 히스테리성 성격장애를 지닌 사람들은 불편한 감정을 깊이 인식하는 것을 거부한다. 마치 그런 감정이 없는 것처럼 겉으로는 아무렇지 않은 척 행동한다. 이들이 주로 사용하는 방어기제가 '억압' 또는 '부인'인데, 이를 통해 스스로를 보호하려는 시도는 내적으로 상황을 통찰하는 기회를 막기 때문에 근본적인 문제 해결이 어렵다.

반대로 기분이 우울할 때는 만사가 귀찮고 사회적으로 고립되어 자신의 내면에 몰두하기에 말수가 거의 없는 경우가 대부분이다. 정신적 기민성도 떨어져 정보 처리 속도가 늦고, 그래서 반응도 느리다. 혼자서 반추적 사고, 즉 이전에 일어난 일들을 떠올리며 반복해서 자신을 비난하고 자책하는 데 시간을 보내느라 다른 사람과 대화하거나 소통하기보다는 혼자 지내는 시간이 많다. 그러나 이런 경우는 심리적 문제가 해결되면 적절히 소통할 수 있는 능력을 지닌 사람들이다. 다만 인지적·언어적 장애가 있다면 언어능력에 제약이 따르기 때문에 지속적으로 소통에 어려움을 겪을 수 있다. 선택적 함묵증의 경우는 어떤 상황에선 말을 할 수 있지만, 어떤 상황에서는 전혀 말을 하지 못한다. 사회불안과 관련이 있다고 볼 수 있는데, 언어능력에 문제가 있는 것이 아니라 언어치료를 받을 필요는 없다. 다만 이들에게 강제로 말하도록 강요해서는 안 된다.

실어증은 뇌출혈과 같은 두뇌 손상으로 말을 하지 못하게 된 경우다. 얼마 전 유명한 코미디언이 치매로 요양 시설에 입원했다는 소식이 대대적으로 보도된 적이 있다. 혈관성 치매로 의심되는데, 치매의 경우도 점점 말을 잃고 결국 의사소통이 불가능해진다. 조현병(정신분열증) 환자도 만성화되면서 거의 말을 하지 않게 되는 경우가 많다.

즉 말을 너무 많이 해도, 너무 하지 않아도 문제가 있다고 볼 수 있다. 상담자 입장에서 보면 두 경우 중 그래도 말을 많이 하는 편이 낫다. 말을 거의 하지 않거나 할 수 없는 경우가 더 심각하다고 할 수 있다. 이런 경우에는 반드시 전문적 치료를 받아야 한다.

눌변이 때론 매력적일 수 있다

우리가 살아가는 데 말, 언어가 얼마나 중요한지는 새삼 강조할 필요가 없을 것이다. 말로 우리는 상대에게 힘을 주기도 하고 상처를 입히기도 한다. 그래서 말을 잘한다는 것은 단순히 유창하게 물 흐르듯이 이야기하는 능력이 아니라, 상대에게 상처를 주지 않으면서 자신의 생각을 잘 전달하는 것이라고 생각한다.

가끔 원래 그런 사람이 아닌데 말주변이 없어서 실수를 했다거나, 생각 없이 말했다며 둘러대는 사람을 본다. 그러나 말은 그렇듯 단순하게 입 밖으로 나오는 것이 아니다. '아'라는 외마디 소리를 내기 위해 우리의 뇌와 신체가 얼마나 복잡하고 신속하며 정확하게 움직이는지 안다면 그런 소리는 하지 못할 것이다.

좀비가 아닌 이상 생각 없이 말할 수 있는가? 지적 능력이 낮은 사람은 자신의 생각을 잘 표현하지 못하고 개념 자체를 형성하는 데도 어려움을 겪는다.

말(언어)은 생각과 밀접하게 연관되어 있고 생각(사고)은 내적인 언어다. 즉 그 사람의 평소 생각이 말로 튀어나오는 것이다. 무의미한 소리를 내는 것은 말이 아니라는 의미다. 말은 조심해서 해야 한다. 함부로 말하고 나서 '생각이 짧아서' 또는 '너무 솔직해서', '원래 성격이 다혈질이라', '그러나 뒤끝은 없다'는 식으로 해명 아닌 해명을 하는 사람들에게 닥치시라고 말해주고 싶다. 남에게 상처를 주고 그런 해명으로 무마할 일이 아니다.

상담자들은 내담자에게 혹시라도 불쾌감이나 상처를 주지 않기 위해 최대한 중립적인 언어를 사용하도록 교육받는다. 그럼에도 가끔 컴플레인이 들어온다. 얼마 전 한 내담자가 상담 시간에 내가 한 말에 대한 서운함을 표했다. "선생님이 말한 그 심리적 진실이란 말이…… 마치 내가 거짓말을 했다고 하는 것 같았어요." 그런 의미가 아니었지만, 충분히 오해할 만하다 생각하고 사과했다.

말은 하는 사람의 의도와 달리 듣는 이에 의해 해석되기 때문에 상대가 불쾌하게 느꼈다면 미안하다고 사과해야 한다. 다만 상대가 무례하게 공격하는 모든 것을 수용할 필요는 없다. 상대와 싸울 생각이 없다면 보다 세련되게 당신의 생각을 전달할 필요가 있다. '나-전달법'과 같은 대화법을 배우는 것도 한 방법이다.

너-전달법

너를 주어로 '너는 ~하다'라는 식으로 듣는 이를 비판하거나 비난하는 메시지를 주로 전달하기 때문에 갈등이 생기고, 이런 메시지를 들은 상대는 불쾌감을 느끼게 된다.

예 | 주말 내내 스마트폰 게임에 빠져 있는 자녀에게,

"너는 생각이 있는 거니, 없는 거니? 지난번에 엄마하고 분명히 하루에 두 시간만 하기로 약속했잖아. 너는 약속을 지킬 생각이 없는 거지? 맨날 게임이나 하고. 널 믿은 내가 바보지."

나-전달법

나를 주어로 '나는 너의 (행동) 때문에 기분이 ~하다'라는 식으로 문제 상황을 있는 그대로 설명하고 그에 대한 느낌을 말하는 것으로, 듣는 이를 비난하지 않고 자신의 느낌을 전달하기 때문에 상

대가 기분 상하는 일 없이 그 문제를 인지하고 받아들이기 쉽다는 장점이 있다.

예 | "~야, 너 지금 스마트폰 게임만 네 시간째 하고 있어. 네가 어제 엄마하고 하루에 두 시간만 하기로 약속한 거 기억하지? 그런데 네가 엄마하고 한 약속을 잊고 네 시간째 게임만 하고 있는 걸 보니 엄마는 좀 속상한데."

나-전달법은 많이 알려져 있긴 하지만 제대로 알고 사용하느냐 아니냐에 따라 그 결과가 달라질 수 있다. 선생이나 부모님이 "다 너 잘되라고 하는 말이다"라며 이런저런 충고를 하지만 그 말이 듣기 싫은 이유는 말하는 이의 의도와 달리 자신을 비판하고 비난하는 것처럼 들리기 때문이다. 화법을 조금 바꾸는 것만으로도 이런 오해의 소지를 줄일 수 있다.

왜 말을 잘하고 싶은가?

환언해서 우리가 왜 말을 잘하고 싶은지 혹은 잘해야 하는지 그 이유와 목적을 분명히 할 필요가 있다.

다른 사람 혹은 이성 앞에서 똑똑하고 멋진 사람으로 보이고 싶어서, 손해를 보고 싶지 않아서 등등 그 이유는 다양할 것이다. 말을 잘함으로써 사람들에게 주목받고 인정받으면서 자신의 생각을 조리 있게 논리적으로 피력하고 때로는 유머러스하기까지 하다면 더 이상 바랄 것이 없을 것이다.

말은 연습하면 는다. 거울을 통해 자신의 얼굴 표정을 보며 적당한 제스처를 곁들이면서 연습해볼 것을 권한다. 실제로 나도 강단에 서기 전에 이런 식으로 연습하는데, 연습을 하고 안 하고는 분명 차이가 있다. 그러나 본질적으로 우리가 말을 잘해야 하는 이유는 '소통'에 있다. 강의할 때도 혼자 줄줄 이야기하기보다는 질의응답을 통해 생각을 주고받는 것이 필요하다. 각자 자기 할 말만 하고 자기주장만 내세운다면 아무리 말을 잘한다 한들 무슨 소용이 있을까.

모 가수는 말실수를 잘하기로 유명하다. 예전에 그가 라디오 MC를 맡았을 때 있었던 일이다. 신청곡을 소개하던 중이었다.

"친구가 부릅니다. 거미라도 될걸……."

가수 거미가 부른 〈친구라도 될걸 그랬어〉라는 곡을 혼동한 것이다. 그 외에도 〈사이버 러브Cyber Love〉를 '시버 러버'로 읽는 등 그의 실수는 계속되었지만 그를 이상하게 보는 사람은 없었고, 오히려 사람들은 그의 실수를 즐거워했다. 그 역시 자신의 실수를 부끄러워하거나 감추려 하지 않고 특유의 너털웃음을 지으며 같이 즐거워했다.

많은 사람이 "제가 말주변이 없어서"라며 자신감 없는 모습을 보이지만, 오히려 그런 모습이 더 인간적일 수 있다는 말이다. 당신이 가장 빛나는 순간은 말을 잘할 때가 아니다. 타인의 이야기에 귀 기울이고 사람들과 자연스럽게 어울리며 같이 즐길 때다.

사랑은 '삶'이다

"사랑이란 우리를 행복하게 하기 위해 존재하는 것이 아니라,
우리가 고뇌와 인내 속에서 얼마나 강할 수 있는가 하는 것을
스스로에게 보이기 위해 존재하는 것이다."

– 헤르만 헤세

남녀는 원래 한 몸이었다

아주 오래전 인간의 모습은 지금과 달랐다. 남자와 여자가 한 몸이었다. 더러 여자와 여자, 남자와 남자가 한 몸인 경우도 있었지만, 대부분 남과 여가 한 몸인 자웅동체의 모습이었다. 그러던 어느 날 제우스는 벼락을 내려 인간의 몸을 둘로 갈라놓았다. 오만해질 대로 오만해진 인간의 콧대를 꺾는 한편, 더 많은 세금을 부과할 수 있으리란 계산 때문이었다. 그 때문일까. 인간은 그 이후 서로의 반쪽을 찾아 나서기 시작했고, 그래서 남자와 여자는 서로를 그리워하며 하나가 되기 위해 노력한다고 한다. 플라톤의《향연》에 나오는 내용으로, 사실 여부와 관계없이 그럴듯한 얘기다.

심리학자 융은 남녀 모두 남성성과 여성성을 내면에 가지고 있다고 했다. 남자 안의 여성성을 아니마, 여자 안의 남성성을 아니무스라 하고, 남녀는 서로 결합함으로써 여성성과 남성성의 조화를 이루려 한다고 했다. 자신의 기본적 성을 지키면서 보완하려는 노력으로 내면의 남성성과 여성성이 조화를 이루면서 균형을 찾는다는 얘기다.

따라서 남자가 여자에게, 여자가 남자에게 끌리고 사랑을 느끼는 것은 너무나 자연스럽고 당연한 일이다. 그런데 이 자연스러운 행위가 어떤 이에게는 부담스럽고 어색하며 어려운 일일 수 있다. 최근에는 '혼밥족', '혼술족'이란 말도 심심치 않게 들린다.

태어나 단 한 번도 연애를 해보지 못했다는 의미의 '모태솔로'도 점점 늘어나고 있고, 결혼하지 않고 혼자 고립된 채 살아가는 사람도 증가하고 있다.

〈40살까지 못해본 남자〉[37]라는 영화에서 주인공 앤디는 마흔살이 넘도록 연애를 한 번도 해보지 못한 모태솔로다. 친구들에게 조언을 구하며 이를 극복하기 위해 노력하지만 번번이 실패하고 만다. 그 노력이 오히려 독으로 작용하는 아이러니 속에서 그는 좌절한다.

모태솔로는 사회악이다?

나는 이제 갓 서른을 넘긴 남성이다. 부모님 모두 생존해 계시고 아래로 여동생이 한 명 있다. 얼마 전까지 나는 소위 모태솔로였다. 가족과 친구들은 여자 친구가 없는 나를 이상한 놈 취급했다. 주변 사람의 소개로 몇 번 소개팅을 해보긴 했지만 그다지 맘에 들지 않았고, 그래서 한 번의 만남으로 모두 끝이 났다. 그때까지 누군가를 사랑해본 적이 없다. 솔직히 그 감정이 어떤 것인지도 잘 모른다. 이런 내가 이상한 것인지 궁금해서 연애 관련 서적을 뒤적이고 연애 상담 사이트에도 들어가봤지만, 내가 원하는 답은 얻을 수 없었다.

연애는 하고 싶지만, 솔직히 결혼은 하고 싶지 않다. 결혼은

37. 〈40살까지 못해본 남자The 40 Year-Old Virgin〉
(**감독** 저드 애퍼타우 **주연** 스티브 커렐, 캐서린 키너, 2005년 개봉)
40세의 노총각 앤디는 지금까지 한 번도 섹스를 못해본 숫총각이다. 대형 가전제품 매장에서 일하는 그의 유일한 취미는 액션 영화 피겨 수집으로 아직까지 소년 취향을 벗어나지 못했다. 그러던 중 매장 건너편에서 작은 가게를 운영하는 이혼녀 트리시를 만나 호감을 느끼고 데이트를 하게 되는데, 시간이 흐를수록 소극적으로 나오는 앤디를 트리시는 오해한다. 두 사람의 관계는 어떻게 될까?

생각만 해도 가슴이 답답해진다. 그래서인지 내 나이 또래 여자를 보면 사귀고 싶다는 생각보다는 부담을 느끼고, 그녀가 좋아질까 봐 일부러 멀리한 적도 있다.

부모님은 뭔가 문제가 있는 것도 아닌데 왜 여자 하나 못 사귀느냐고 하신다. 솔직히 스스로도 내가 못났다고 생각하지는 않는다. 완벽하지는 않지만, 괜찮은 직장에 다니고 연봉도 높은 편이다. 키가 큰 편은 아니지만 평균 이상이고, 얼굴이 잘생긴 건 아니지만 인상이 좋다는 얘길 많이 듣는다. 그런데도 여자들 앞에만 서면 작아지는 자신이 싫다. 왠지 초라하게 느껴지고 거절이라도 당하면 창피해서 죽어버릴 것 같다는 말을 누군가에게 할 수도 없고 들키고 싶지도 않다.

언제부턴가 모태솔로라는 신조어가 유행어처럼 번지고 있다. 모태는 사물이 발생하거나 발전하는 데 근간이 되는 토대를 이르는 말로, 어머니의 태 안을 의미하기도 한다. 즉 모태솔로란 태어나기 전부터 현재에 이르기까지 혼자인 사람, 즉 태어나서 단 한 번도 이성과 사귀어본 적이 없는 사람을 지칭하는 합성어이자 신조어다. 사실 이 말에는 태생적으로 연애 감각이 없고 주변머리도 없고 이성적인 매력도 떨어진다는 부정적 의미가 내포되어 있다.

언제부터 이 말이 쓰이기 시작했는지, 그 시점과 기원은 알 길이 없으나 심심치 않게 회자되고 있다. 모태솔로라니, 도대체 근본도 없는 이런 말이 난무하는 것도 황당하거니와 정확히 어떤 사람을 지칭하는지도 불분명하다.

몇 살부터 연애를 해야 하고, 그렇지 않으면 모태솔로가 된다는 정의가 있는가? 결혼 전, 아니면 죽기 전까지 연애는 몇 번을 해야 하는가? 그렇게 묻고 싶다.

언제부턴가 순수함은 바보스러움, 정직함은 답답함과 동일한 의미로 통용되고 남들과 다른 사람을 멸시하고 업신여기는 풍조가 만연한 듯하다. 요즘처럼 정보가 넘쳐나고 빠르게 확산되는 시대에는 그 정보가 제대로 된 것인지 아닌지 판단할 겨를도 없이 받아들이고 소비하는 경향이 있다.

인터넷 검색을 하다 보면 남자나 여자를 사로잡는 비법을 정리한 내용이 많다. 그러나 이런 개인적 경험을 일반화하는 것은 위험한 일이다(이는 일종의 과잉 일반화다). 남자는 다 똑같다느니, 그놈이 그놈이라는 말이 대표적 예다. 세상에 얼마나 많은 남자와 여자가 존재하는데, 다 똑같다는 게 말이 되는가.

게다가 자신의 여성 편력이나 남성 편력을 자랑하는 사람치고 진실한 사랑을 하는 사람을 나는 별로 보지 못했다. 많은 이성을 만나는 것 자체가 자랑거리가 되거나 우월함을 상징한다는 생각은 착각이다. 대개 그런 사람은 아무나 만나는 경향이 있다. 특히 상습적으로 바람을 피우거나 한 번에 여러 사람을 만나는 사람은 상대를 가리지 않는 것이 특징이다. 상대에 대한 깊은 사랑이 없기 때문에 이 사람 저 사람 만나는 게 가능한 것이고, 그들의 내면은 아주 공허하며 타인과 공감하는 능력도 부족하다. 그러니까 그들을 부러워할 필요 없고, 연애 경험이 부족하다고 기죽을 필요도 없다. 절대적 기준은 없으니까. 중요한 건 마음의 준비가 되어 있느냐의 여부다. 준비가 되어 있다면 사랑은 언제든 찾아온다.

문제는 심리적 미성숙이나 불안정한 애착 형성으로 인해 이성 관계를 회피하거나 거부하는 것이다. 연애를 못하는 것이 단지 기술이나 능력이 부족한 탓으로 치부되거나 조롱거리나 웃음거리가 될 일은 아니라는 얘기다.

연애는 정서적·성적 측면의 사랑이다

연애는 애틋한 마음으로 사랑한다는 뜻이다. 가볍게 할 수 있는 행위가 아니라 '사랑'이라는 감정이 전제된 것으로, 정서적이며 성적인 측면의 사랑을 의미한다.

예전에 내가 좋아한 만화에 이런 대목이 나온다.

주인공의 아버지가 결혼하기 전에 만나던 여자 친구에 대해 말한다. 하루는 두 사람이 차를 타고 드라이브를 즐기는데, 갑자기 차가 고장 났다. 아버지는 차를 세우고 수리한 후 다시 차에 타려고 문을 여는데, 잠겨 있었다. 의아해서 차 안을 들여다보니, 여자 친구가 그를 향해 윙크를 하더라는 것이다.

주인공은 말한다.

"난 그게 사랑이라고 생각해."

그때 나는 정확한 건 모르지만, 사랑에 대한 탁월한 표현이라고 생각했다. 사랑은 눈에 보이는 것도, 실체가 있는 것도 아닌 무색, 무취, 무형의 것이기에 한마디로 정의하기 어렵다. 사랑은 그저 어떤 행위로 표현되는 것일 뿐이라고 생각했다.

과연 사랑이라는 것이 무엇인지, 존재하는 것인지조차 의문스러운데, 이 사랑에 대한 연구가 최근에 관심의 대상으로 부상하고 있다는 것이 흥미롭다.

1974년 사랑과 관련한 흥미로운 실험이 있었다. 도턴과 애런은 남자 대학생을 대상으로 전기쇼크가 학습에 미치는 영향에 대한 실험을 한다 말하고는 강한 전기쇼크를 줄 것이라고 귀띔한 집단

(높은 공포 집단)과 약한 전기쇼크를 줄 것이라고 귀띔한 집단(낮은 공포 집단)으로 나눈 후, 실제로는 함께 실험에 참가한 여대생의 매력도를 질문했다. 그 결과 높은 공포 집단의 남학생들이 훨씬 강한 성적 매력을 느낀다는 것이 증명되었다.

또 다른 실험에선 각각 흔들다리와 안전한 다리를 건너게 한 후 남자들에게 예쁜 여대생이 접근해 미리 준비한 질문지에 응답해 줄 것을 요구하면서 자신의 전화번호를 적어주었다. 그 결과 흔들다리를 건너면서 공포를 경험한 남자(33명) 중 9명이 전화를 건 반면, 안전한 다리를 건넌 남자는 2명만 전화를 걸었다. 이와 유사한 여러 실험을 통해 부정적이고 고통스러운 경험이 사랑의 감정을 증폭시킬 수 있다는 사실을 입증했다. 이런 실험 결과는 힘든 일이나 커다란 변화를 경험한 경우 사랑에 빠지기 쉽다는 일상적 관찰 결과와 일치한다. 이를 통해 흥분-매력 효과는 실제로 효과가 있다[38]고 할 수 있다.

위의 실험 결과가 보여주듯 어쩌면 사랑은 '착각적 감정'이 아닐까 하는 생각이 든다. 돌이켜 생각해보면 운명적 만남이나 운명적 사랑이라고 믿은 것이 이런 신체적 반응이나 상황적 조건에 의해

38. 《연애와 결혼 심리학》, 홍대식 지음, 박영사 펴냄, 2009년.

충분히 곡해될 수 있고, 별것 아닌 일에 심하게 의미를 부여한 결과일지도 모른다.

여전히 사랑에 대한 정의를 내리는 것은 어렵지만, 나는 사랑은 '삶'이라고 생각한다. 우리는 사랑받기 위해 그리고 사랑하기 위해 태어났다. 우리에게 사랑은 사명이고 책임이며 운명이다. 사랑하지 않는 삶이 존재하는가? 그 대상이 무엇이든 사랑하지 않고는 살 수 없기 때문에 사랑은 곧 삶이다. 그리고 건강한 사랑을 해야 우리는 행복해질 수 있다. 궁극적으로 우리는 행복해지기 위해 사랑하며 살아야 한다.

최근 본 영화 중 가장 감동적인 작품 하나를 꼽으라면 주저하지 않고 〈브로크백 마운틴〉[39]을 언급한다. 브로크백 마운틴은 실제로 존재하는 지명은 아니다. 존재하지 않지만 어딘가에 존재할 법한 그것, 아마도 우리가 꿈꾸는 이상적 사랑과 같은 무엇을 상징하는 듯하다. 이 영화는 표면적으로는 동성애를 다룬다. 난데없는 동성 간 애정 행각에 처음에는 당황스러웠지만, 영화는 그 이상의 무엇을 그리고 있다. 영화가 끝난 후 흘러내리는 눈물의 의미를 정확히 이해할 수는 없었지만, 분명 이 영화는 진정한 사랑에 대해 이야기하고 있었다. 몇 번의 짧은 만남 그리고 20년간의 사랑과 기다림에는 남녀 간의 사랑과 비교할 수 없는 애달픔, 이루어질 수 없는 사랑에 대한 간절함이 있었다. 다시 혼란스러워졌다. 사랑이 무엇인지…….

사랑에 대한 명확한 정의를 내리는 것이 어려운 이유는 사람마다 사랑하는 스타일에 차이가 있기 때문일 것이다. 사랑에는 크게 여섯 가지 유형이 있다. 친구 같은 사랑, 이타적 사랑, 논리적 사랑, 유희적 사랑, 낭만적 사랑, 소유적 사랑.

친구 같은 사랑은 오랫동안 친구로 지내다 사랑으로 발전한 경우로 오랜 시간 같이 지내면서 편해지고, 말을 하지 않아도 통하고, 서로 감출 것 없는 친구이자 애인 사이가 된다. 이들의 사랑은

39. 〈브로크백 마운틴Brokeback Mountain〉

(**감독** 이안 **주연** 히스 레저, 제이크 질런홀, 2005년 개봉)

브로크백 마운틴. 이곳의 양 떼 방목장에서 여름 한철 함께 일하게 된 갓 스물의 두 청년 에니스(히스 레저 분)와 잭(제이크 질런홀 분)이 운명적으로 만난다. 밤낮으로 함께 일하며 그들의 우정은 친구 사이의 친밀함 이상으로 발전해간다. 한여름의 짧은 방목철이 끝나자 두 사람은 기약도 없이 각자의 삶으로 돌아간다. 에니스는 결혼해 두 딸의 아버지가 되고, 미모의 부잣집 딸을 만나 결혼한 잭은 텍사스에 정착해 장인의 사업을 도우며 살아간다. 그렇게 몇 년이 흐른 후, 에니스는 잭에게 엽서 한 장을 받는다. 그 엽서는 에니스에게 그간 잊고 살아온 브로크백에서의 낯선 감정을 다시 불러일으킨다. 4년 만에 다시 만난 두 사람은 단번에 브로크백에서 서로에게 느낀 감정이 일시적인 것이 아님을 알게 되고 억제할 수 없는 열정에 휩싸인다. 보수적인 사회에서 두 사람은 1년에 한두 번 브로크백에서 캠핑을 하며 그리움을 이어간다. 그렇게 20년간 짧은 만남과 긴 그리움을 반복하며 이루어질 수 없는 사랑에 고통스러워한다.

열정적이고 낭만적이지는 않지만, 은근하고 정겹다.

이타적 사랑은 아무 조건 없이 좋아하고 돌봐주며 용서하고 베푸는 자기희생적 사랑이다. 이를 '아가페적 사랑'이라고도 한다. 즉 사랑이란 그것을 필요로 하는 사람에게 베풀어야 하는 의무와 같은 행위이며 가슴보다는 머리로, 감정보다는 의지로 행하는 것이다.

논리적 사랑은 실용적이고 목표 지향적인 사랑이라고 할 수 있다. 이들은 원하는 이상형의 기준을 구체적으로 정해놓고 그 목표에 이를 때까지 사랑하지 않거나 사랑을 유예한다. 사랑도 논리적·이성적으로 한다는 얘기인데, 사랑이라는 감정을 이성으로 통제하려 한다는 점에서 문제가 있다.

유희적 사랑은 그저 즐기기 위한 도전이며 이기기 위한 시합이다. 따라서 경험이 많을수록 기술도 숙련되고, 시합을 보다 재미있게 즐기기 위해 다양한 전략과 전술을 개발하게 된다. 사랑을 하되 재미있고 정당하게 해야 하며 너무 친밀해지진 말아야 한다는 것이다.[40]

낭만적 사랑은 '첫눈에 반했다'라는 표현으로 설명할 수 있다. 대개 외모가 중요한 요인으로 작용하는데, 이런 사람은 첫 만남을

40. 《사랑의 의미》, 김중술 지음, 서울대학교출판부 펴냄, 2009년.

생생하게 기억하는 경우가 많다고 한다. 로미오와 줄리엣의 사랑이나 로맨스를 다룬 영화 속 주인공들의 사랑이 여기에 해당한다고 할 수 있다.

소유적 사랑은 상대를 완전히 소유하는 동시에 상대에게 자신이 속한다고 생각하는 경우로 흥분과 깊은 절망, 헌신과 불같은 질투라는 양극단의 감정이 따르기 때문에 이런 사랑을 하는 사람은 마음의 평정을 유지하기 어렵다. 소유적 사랑을 하는 사람은 불행한 아동기를 보냈을 확률이 높고, 현재의 생활에서 고독감을 느끼며 직장 생활이 불만족스럽고 친한 친구가 없는 경우가 대부분이다.

사랑의 뿌리, 애착

사랑의 유형에 대해 논하기 전에 알아둬야 할 중요한 것이 있다. 바로 '애착attachment'이다.

애착이란 유아가 생애 초기에 주요 양육자와 맺는 '심리적 유대감'을 말하는데, 심리적 유대감이라는 말보다는 좀 더 강력한 어떤 것을 의미한다. 발달심리학자 존 볼비John Bowlby가 창시한 애착 이론은 유아와 주 양육자인 엄마 사이에 상호 의존 관계가 형성된다는 것인데, 이는 유아의 생존을 위한 절대적 요소다. 유아는 엄마의 관심과 사랑에 절대적으로 의존할 수밖에 없는 상황이기 때문이고, 엄마 역시 자신의 아이에 대한 사랑이 지극하다. 아이가 조금이라도 아프거나 문제가 생긴다면 엄마는 견딜 수 없을 것이다. 따라서 임신 이후 생애 초기에 두 사람의 관계는 '공생' 관계에 가까우며 어느 누구와도 비교할 수 없고 분리될 수 없는 관계다. 이 시기에 엄마와 유아는 빈번한 피부 접촉을 하게 되고, 그 경험은 아이가 성장한 후 대인 관계에까지 영향을 미친다. 실제로 신체 접촉에 어려움을 느끼는 사람은 대인 관계를 힘들어하는 경우가 많고, 특히 이성 관계에서 그 어려움이 두드러지는 것으로 보인다. 스킨십은 무언의 언어로 친밀감에 대한 욕구를 만족시켜 관계 형성에 도움을 줄 뿐 아니라 어릴 때 느낀 엄마의 촉감과 냄새, 그 따뜻함은 성인이 된 후에도 지속적으로 영향을 미친다.

애착은 생후 6개월에서 1년 사이에 형성되는 것으로 알려져 있다. 몇 년 전 쌍둥이 엄마가 된 친구가 이런 말을 한 것이 기억난다. 쌍둥이를 낳고 6개월쯤 지났을 때, 아기들이 자신을 유난히 찾고 좋아한다는 것을 알게 됐다는 것이다. 이모들이 와서 오랜 시간 봐주었음에도 엄마를 알아보고 찾는 것을 보며 '아, 내 새끼가

맞구나!' 했다고 한다. 이런 아이들의 반응은 엄마에게 자극이 되고, 상호작용하면서 애착이 형성되기 시작한다. 이런 애착이 안정적으로 형성되면 좋지만, 그렇지 못한 경우 이후 대인 관계에 문제가 발생할 수 있다.

유아는 애착과 동시에 내적 작동 모델을 형성하는데, 내적 작동 모델이란 자신과 타인 그리고 세상에 대한 기대와 이해의 틀로 일종의 안내자 역할을 한다. 자신과 타인, 세상에 대해 어떤 인식의 틀을 갖느냐에 따라 기대치가 달라진다는 말이다. 예를 들어 안정적인 애착을 형성한 사람은 타인을 믿고 세상이 살 만한 곳이라고 생각할 수 있지만, 불안정한 애착을 형성한 사람은 타인은 믿을 수 없고 세상은 위험한 곳이라고 판단할 수 있다. 이런 믿음은 당연히 그 사람의 삶에 지대한 영향을 미치게 될 것이다.

그러니까 애착은 인간관계에서 가장 근원적인 힘이라고 할 수 있다. 다음의 예를 보자.

나는 30대 중반 여성이다. 내가 어릴 때 부모님은 이혼하셨다. 아버지와 어머니는 대학 시절 미팅에서 만나 첫눈에 반했고, 뜨거운 사랑에 빠져 결혼도 하기 전에 나를 임신하는 바람에 어쩔 수 없이 결혼하게 되었다.

그 시절 아버지는 가장이 되어 가정을 책임져야 한다는 부담감으로 다니던 대학을 그만두고 취업해 일을 해야 했고, 늘 밤늦게 귀가했기에 내가 어떻게 크는지, 어머니가 얼마나 우울하고 괴로운지 살필 겨를이 없었다고 했다. 그러나 어머니의 우울증이 깊어져 두 분은 크게 싸운 후 헤어지기로 결심했다고 한다. 아버지는 늦게 귀가해도 자신을 반겨주지 않고 잠에 빠져 있는 어머니가 이해되지 않았고, 그런 어머니 옆에서 죽어라 울어대는 나도 보기 싫었다고 했다. 그렇게 내가 유치원에 다닐 즈음 두 분은 합의이혼을 했고, 어머니는 나를 두고 떠나버렸다. 나는 친할머니의 손에 자랐다. 할머니는 엄격했고 고집이 셌다. 나는 어린 시절 내내 할머니의 불호령을 듣지 않기 위해 부단히 노력했다. 아버지는 일주일에 한 번 나를 보러 왔지만, 그저 말없이 쳐다보다 한숨을 쉬고 자신의 집으로 돌아갔다. 그리고 몇 년 후 재혼했고 슬하에 아들 둘을 두었다. 새어머니는 여성스럽고 친절한 분이었다. 가끔 아버지를 보러 가면 나에게도 잘해주려고 노력했지만, 불편한 건 어쩔 수 없었다. 그리고 얼마 후 아버지는 암으로 돌아가셨다. 아버지가 돌아가시고 나서 어머니가 나를 몇 번 찾아왔지만, 할머니는 그런 어머니를 욕하며 쫓아냈다. 어머니를 보고 싶었지만, 할머니가 무서워 아무 말도 할 수 없었다. 그렇게 세월이 흘렀고 할머니가 돌아가시자 어머니가 다시 나를 찾았지만, 이미 그때 나는 성인이 된 후였다.

외로움이 극에 달했을 때 한 남자를 만났다. 유쾌하고 지적인 그는 나를 즐겁게 해주려고 노력했다. 지금까지 나를 위해 그런 노력을 하는 사람을 만나본 적이 없기 때문에 그의 노력에 감동했고 그와 같이 살기로 결심했다. 그러나 결혼은 하고 싶지 않았다. 그런 뜻을 전하자 그는 흔쾌히 받아들였고 5년째 사실혼 관계를 유지해왔다. 그런데 그가 1년 전에 일본으로 출장을 간다고 했다. 좀처럼 얻기 힘든 기회라 그를 말릴 수는 없었지만, 허전함이 밀려왔다. "같이 갈까?" 의중을 물어보니 화들짝 놀라며 그러지 말라고 했다. 자신은 이대로가 좋다고, 솔직히 내가 결혼하자 안 하고 아이도 안 낳겠다고 해서 너무 좋다고, 즐길 거 즐기면서 각자 할 일 하자고……. 갑자기 배신감이 밀려왔다. 지금까지 내 이기심으로 결혼하지 않고 사는 것에 대해 미안하게 생각했는데, 그게 아니었다니……. 늦은 밤에 전화하니, 그가 나답지 않게 왜 이러느냐면서 그만 자라고, 피곤하다고 하고는 전화를 끊었다. 그가 이기적이고 못된 놈이란 생각이 들었다. 한동안 그에게 전화하지 않고 일에

만 빠져 지냈는데, 과장님이 그러다 몸 상한다면서 맛있는 걸 사주겠다고 했다. 그렇게 그와 처음으로 단둘이 저녁을 먹고 술도 한잔하게 되었다. 갑자기 서러운 마음에 울컥해서 그동안 있었던 일을 이야기했고, 그는 묵묵히 내 이야기를 들어주었다. 그의 눈빛이 나를 이해하고 모든 것을 받아줄 것만 같았다. 그렇게 새로운 사랑이 마음속에 싹트기 시작했고, 나는 남자 친구와의 관계를 정리했다.

심리학자 에리히 프롬은 사랑에는 기술이 필요하고 노력이 따라야 한다고 주장한다. 맞는 말이다. 아무나 사랑할 수 있는 게 아니다. 한순간의 쾌락이나 유희를 사랑이라고 농단하지 말란 얘기다. 사랑은 받는 것이면서 동시에 주는 것이기에 줄 수 있는 능력이 없다면 사랑할 자격도 없다. 그래서 진정한 사랑을 성취하는 것은 쉽지 않은 일이다.

위의 사례는 안정적 애착 관계를 통한 믿을 만한 대인 관계 형성에 실패한 경우라고 할 수 있다. 즉 안정적 애착 관계를 형성하지 못했기 때문에 자신과 타인 그리고 세상을 신뢰할 수 없고, 누군가를 진심으로 사랑하고 믿고 의지할 수 없는 것이다. 애착은 크게 안정 애착과 불안정 애착으로 나눌 수 있고, 불안정 애착에는 양가적 애착과 회피적 애착이 있다. 위의 사례는 회피적 애착에 가깝다. 비록 남자 친구와 오랜 관계를 유지하긴 했지만 일정 부분 거리를 두고 살아왔다고 할 수 있다. 상대가 언제든 떠날지도 모른다(어머니가 자신을 버리고 떠났기 때문에)는 생각 때문에 상처를 받지 않기 위해 적당히 거리를 둔 것이다.

그렇다면 '한번 형성된 애착은 변하지 않고 평생 지속되는가?'라는 의문이 생길 수 있다. 물론이다. 평생 영향을 미친다. 그러나 변화할 수도 있다. 생애 초기에 형성된 애착 때문에 평생 고통스럽게 살다가 죽는다면 너무 억울하지 않겠는가. 기회는 있다. 그리고 그 기회는 매 순간 주어진다. 어릴 때는 이해할 수 없던 기억이 나이가 들어 인지적으로 성숙하면서 이해되고 재구조화되며 어떤 계기를 통해 변화하기도 한다. 주변 사람, 친구, 연인 등 새로운 관계와 다양한 경험을 통해 새롭게 애착이 형성되기도 한다. 그러니까 너무 실망하거나 좌절할 필요는 없다.

우리가 때론 고통스럽고 상처를 받기도 하는 '사랑'을 해야 하는 이유는 누군가를 사랑함으로써 성숙해지고 완벽하지 않은 자신을 보완하기 위해서가 아닐까 싶다.

심리학자 로버트 스턴버그는 사랑의 세 가지 요소를 언급했다. 열정, 친밀감, 책임이다. 열정은 뜨거운 측면으로 남녀 간 육체적 사랑과 관련이 있는데, 열정이 없는 사랑은 단팥 빠진 찐빵이나 다름없다. 그리고 친밀감은 정서적 측면으로 열정으로 시작해 시간이 지나면서 친밀감이 형성되는 경우도 있고 반대로 친밀감이 쌓이다 어느 순간 열정이 생길 수도 있다. 마지막으로 책임은 인지적 요소로 사랑하는 사람에 대해 책임지고 평생을 함께하겠다는 결심이기도 하다. 스턴버그는 이 세 요소가 적절히 조화를 이룰 때 이상적인 사랑을 할 수 있다고 했다. 세 요소 중 중요하지 않은 것은 없다. 그러나 그중 가장 중요한 것이 무엇이냐고 묻는다면 개인적으로 '책임'이라고 생각한다. 그리고 '수용'이다. 이 두 가지가 없는 사랑은 사랑이 아니라 들뜨고 흥분된 감정일 뿐이다.

사랑의 완성은 결국 책임과 수용하려는 태도, 노력이 없이는 불가능하다. 그래서 종종 결혼을 사랑의 완성으로 생각하기도 한다. 개인적으로 꼭 결혼을 해야 한다고 생각하진 않지만, 책임을 회피하는 수단으로 독신이나 동거를 선택하는 것도 권장 사항은 아니라고 본다.

사랑은 분명 능력을 필요로 한다. 불행히도 제대로 된 사랑을 받지 못해 상처받은 사람들은 사랑을 주고받는 것에 서투르기에 실수하고, 이기적이고 자기중심적인 사람들은 사랑을 받는 것에 초점을 두기 때문에 사랑이 떠나간다. 그래서 병적인 사람들이 서로의 상처를 끌어안고자 하지만, 결국 그 상처가 서로를 할퀴고 다시 아프게 한다. 당신을 아프게 하는 사람에게 사랑을 줄 필요는 없다. 그는 당신의 상처를 덧나게 하고 그 고통을 즐길 뿐이다. 누군가를 사랑하는 것은 기쁘고 행복한 감정으로 서로를 지지하고 보듬어주는 것이다. 건강하지 않은 관계로 힘들어하고 있다면 빨리 벗어나길 권한다. 그 관계에서 빨리 벗어날수록 당신이 보다 건강하다는 방증일 수 있다. 건강하다는 것은 아무런 문제가 없고 실수를 하지 않는다는 것이 아니라, 원래의 건강한 상태로 복귀할 수 있는 회복 탄력성에 달려 있다.

결혼은 해도 안 해도 후회하는 모험이다

"결혼은 여섯 가지 요소로 이루어져 있다고 한다.
하나는 '애정'이고 나머지 다섯 가지는 전부 '믿음'이다."

–《탈무드》 중

결혼! 해야 할까, 말아야 할까?

나는 오늘도 점심에 무얼 먹을지 고민했다. 배는 고픈데 먹고 싶은 것이 딱히 떠오르지 않는다. 배에서 신호를 보낸 지 오래지만, 냉장고를 열어봐도 먹을 만한 것이 없고 시켜 먹자니 배달 음식도 내키지 않기는 마찬가지다. 이런 고민조차 해결하지 못하면서 결혼과 같은 중차대한 문제를 결정하는 데 고민이 없다면 거짓일 것이다. 나는 결혼만큼은 신중해야 한다고 생각한다. 한 번의 실수가 서로에게 큰 상처를 남길뿐더러 이전의 상태로 돌이킬 수도 없기 때문이다.

결혼은 법적 계약 상태로 그 효력이 막강하다. 그래서 법률 전문가들은 혼전 계약서를 작성할 것을 권유하기도 한다. 결혼은 두 사람의 장기적 동반 관계를 확립하는 공적 약속으로 우리나라를 포함한 대부분의 나라에서 결혼을 장려하고 있다. 결혼은 상당히 좋은 제도임이 틀림없다. 우선 든든한 삶의 동반자가 생기고, 서로 협력해 자녀를 양육하고 부를 축적하는데, 이로운 점이 많고 심리적·신체적·경제적으로 다양한 혜택을 누릴 수 있다. 실제로 결혼한 사람이 미혼자보다 신체적으로 건강하고 오래 산다는 보고도 있다. 아직까지 결혼하는 것이 대세인 것은 맞다. 따라서 결혼하지 않은 미혼자나 비혼자는 비주류일 수밖에 없다. 문제는 이들에 대한 사회적 배려가 별로 없다는 것이다. 현재 우리나라에서 1인 가구 수는 500만에 이른다고 한다. 결혼 문화와 혼자 사는 삶이 또 다른 트렌드로 자리 잡아가고 있는데, 이런 흐름을 반영해 혼자 사는 이들을 다루는 티브이 프로그램이 생기기 시작했고, 이들을 위한 상품도 속속 출시되고 있다. 편의점에만 가봐도 혼자 사는 이들을 위한 먹거리가 풍부하고, 혼자 사는 직장인을 위해 택배도 대신 받아준다.

사회가 고도로 산업화되고 인터넷 등이 발달하면서 사람들은 서로 의지하지 않고도 살아갈 수 있게 되었다. 이런 환경은 사람들로 하여금 사회의 일원으로 살아가기보다 개개인의 삶에 집중하게 하고, 복잡하고 경쟁적인 사회 분위기 또한 점점 현실에서 도피하고 싶게 만든다. 세상과 떨어져 혼자만의 휴식을 취하고 싶은 것이다.

심리학자 도널드 위니컷은 〈홀로 있을 수 있는 능력〉이라는 논문에서 유아기 초기에 환경을 의식하지 않으면서 자신에게 집중할 수 있는 혼자만의 시간을 갖는 것이 자아 발달에 중요하다고 주장한다. 이 시간은 이완되어 있으면서 '존재' 그 자체로 머물러 있는 상태다. 가끔은 이런 상태에 머무르는 경험을 해보는 것도 나쁘지 않다. 예를 들면 홀로 여행을 떠났을 때, 낯선 장소에서 혼자 식사할 때, 늦은 저녁 홀로 어둑어둑한 창밖을 내다보며 고독을 느낄 때의 짜릿함 같은 것 말이다.

그러나 혼자 산다고 하면 사람들은 흔히 이런 반응을 보인다. 매력이 없어서 이성에게 선택받지 못했다, 이성에게 관심이 없다, 연애 경험이 없다, 일중독이다, 성격이 나쁘다, 쓸데없이 눈이 높다, 즉 주제 파악을 못한다, 결국 하자(결점) 있는 인생이다 등.

결혼하지 않은 사람에 대한 편견[41]은 이외에도 많다. 많은 사람

41. 편견prejudice은 사람의 집단 소속에 근거되어 있는 어떤 집단이나 어떤 개인에 대한 평가로 대개 부정적이다.

이 색안경을 끼고 '뭔가 문제가 있을 거야'라는 시선으로 바라본다. 게다가 뭔가 실수라도 하게 되면 '저러니까 아직 결혼을 못했지'라며 결혼하지 않은 것을 개인적 결함으로 귀결시킨다. 사람들은 부지불식간에 어떤 일이 발생하면 그 원인을 찾아 결론을 내리고자 한다. 이를 심리학에서는 '귀인attribution'[42]이라고 한다. 그러나 귀인은 종종 잘못된 결론을 이끌어낼 수 있다.

나이가 들수록 하나둘 자기 짝을 찾아가고 남은 사람은 상대적으로 소수이기 때문에 그들 중 괜찮은 사람을 찾기가 점점 어려워지는 것은 사실이다. 상대적으로 그 수가 적기 때문에 괜찮은 사람을 만날 확률이 낮은 것일 뿐, '결혼하지 않은 사람은 이상하다' 또는 '뭔가 문제가 있다'고 결론을 내릴 수는 없다. 늦도록 결혼하지 않은 이들은 저마다 다양한 이유가 있을 수 있다. 상대적으로 남자는 경제적 문제가 큰 원인으로 보이고, 여성의 경우는 결혼과 일 중 하나를 선택해야 하는 상황에서 후자를 택했을 수 있다.

---

42. 귀인은 어떤 원인에 대해 규명하려는 것으로 외부의 단서를 통해 원인을 추론하게 된다. 예를 들어 암 환자는 왜 자신에게 이런 일이 일어났는지 분석하려는 노력을 하게 된다. 귀인을 통해 사람들은 환경을 예측하고 통제하려 하며, 이런 원인 귀속을 통해 감정과 태도, 행동을 결정짓게 된다. 또한 앞으로의 수행에도 영향을 준다.(《사회심리학》, 홍대식 지음, 박영사 펴냄, 2012년)

나는 40대 후반 남성이다. 해가 바뀌면 쉰이 된다. 나는 부유한 집안의 막내아들로 태어나 부족한 것 없이 자랐다. 아버지는 잘나가는 사업가였고 어머니는 대학교수였다. 공부에 별로 취미가 없었던 나는 고등학교에 다닐 때 미국 유학을 가게 되었고 대학을 졸업한 후 한국으로 돌아왔다. 유학을 다녀온 후, 좋은 직장을 구할 수 있고, 관심을 보이는 여자가 많았다. 굳이 나서서 여자를 사귀려고 노력할 필요가 없었다. 그렇게 자신을 쉬이 허락하는 여자들과 어울려 한세월 신나게 살았다. 친구들은 전쟁을 치르듯 열심히 일하며 하나둘 제 짝을 만나 결혼하는데, 나는 여전히 이 여자 저 여자 만나며 시간을 흘려보냈다. 미친 듯이 일만 하며 여유 없이 사는 친구들을 한심하게 보며 비웃었다. 그러나 그렇게 열심히 산 친구들은 지금 여유롭게 자신이 이룬 성과를 누리고 있다.

지금 그에게 남은 것은 아무것도 없다. 그에게 매달리던 여자들도 모두 떠났다. 빈털터리가 된 그는 그동안 갈고닦은 기술도, 인맥도, 삶의 경험이나 지혜도 없다. 정말 훌륭한 이성을 만났을 때 자신은 너무 초라하고 별 볼일 없다는 것을 깨닫고 탄식했다고 한다. 정말 좋은 사람을 만나고 싶은 생각이 조금이라도 있다면 미래의 그 누군가를 위해 자신의 삶을 아끼고 준비하며 기다릴 줄 알아야 한다.

나는 30대 후반 여성이다. 부모님은 내가 적당한 나이가 되면 결혼해서 평범한 주부로 살기를 바라셨다. 20대 후반부터 결혼하라고 하셨지만 그런 삶은 죽기보다 싫었다. 나는 하고 싶은 일을 하면서 사람들에게 인정받으며 살고 싶다. 별 볼일 없는 남자 만나 뒤치다꺼리나 하면서 살려고 태어난 인생은 아니라고 생각한다. 물론 독신주의자는 아니다. 좋은 사람이 있다면 사랑도 하고 결혼도 할 생각이다. 일방적 희생을 강요당하는 삶을 원치 않을 뿐이다. 때론 친구처럼 서로 지지하고 존중하면서 함께 성장해가는 결혼 생활은 불가능한 것일까?

사람들은 이런저런 고려도, 맥락도 없이 그냥 눈을 낮추라고 조언하기도 한다. 그렇다면 결혼한 사람들은 어떤 문제도 없다는 것인데, 이런 이분법적 잣대에는 동의할 수 없다.

나에게 중요한 축axis 중 하나는 '전문가로서 전문성을 유지하고 향상시키는 것'이다. 그 오랜 세월의 노력과 상관없이 단지 결혼하지 않았다는 이유만으로 '뭔가 문제가 있는 노처녀'로 헐값에 매

도되는 것에 이의를 제기한다. 어떤 사람은 자신의 의도나 호의가 곡해되었다며 서운함을 느낄 수도 있지만, 상대의 의사에 반하는 언행은 무례함일 뿐이다.

"나를 그냥 내버려두라고!"

내 인생 내가 알아서 하겠다고 아무리 얘기해도 소용없다. 많은 사람이 결혼은 개인의 '선택' 문제라고 생각하면서 한편으로는 비혼자, 독신주의자, 이혼한 사람 등 다양한 삶을 수용하지 못한다. 결혼은 상당히 좋은 제도지만 그 이면의 문제점도 만만치 않다. 법적 계약 관계라는 것은 서로를 단단히 묶어주는 동아줄 같은 것이면서 한편으로는 서로를 속박하는 족쇄가 될 수도 있다. 더구나 평균수명이 늘어나면서 한 배우자와 한평생 사는 것이 점점 힘들어지고 있다. 프랑스에서 10명 중 한둘을 제외하고는 법률혼 관계가 아니라는 점은 시사하는 바가 크다. 어쩌면 머지않은 미래에 결혼이라는 제도가 없어질지 모른다고 말하는 사람도 있다. 그러니까 결혼을 해야 한다, 하지 말아야 한다는 얘기는 구태다. 최근 조사 결과에 따르면 결혼에 대해 부정적으로 인식하는 이들이 증가하고 있고, 특히 청소년의 경우는 결혼하지 않아도 된다고 생각하는 비율이 50%에 가깝다. 이것만 보더라도 결혼은 필수가 아닌 선택의 문제가 된 지 오래다.

사람들은 각자 그만의 개성을 지니고 태어난다. 따라서 나와 너는 같을 수 없다. 그럼에도 우리는 끊임없이 타인과 비교하며 자신이 뒤처져 있는 것은 아닌지, 자신만 동떨어져 있는 것은 아닌지, 자신과 다른 타인을 향해 뭔가 문제가 있는 것은 아닌지 의구심을 품는다. 결혼을 지향하는 문화권에서 살다 보면 비혼자는 본의 아니게 오해를 사거나 그런 분위기에서 불편함을 느끼게 된다. 그러나 소수자라는 이유만으로 그런 불편함과 불이익을 당연한 것으로 간주해서는 안 된다. 어떤 선택이든 존중받아야 한다고 생각한다.

삼척에서 복지센터장을 맡고 계신 지인이 내가 운영하는 학회에 교육을 받으러 오셨다. 오랜만에 만나 교육을 마치고 맥주 한잔하며 이런저런 얘기를 하다 이런 말씀을 하셨다.

"나는 예순이 넘은 지금도 연애와 결혼을 꿈꿉니다. 다만 집착하지 않을 뿐이에요. 하고 싶은 것 실컷 하면서 나름대로 아주 즐겁게 살고 있어요. 인생 뭐 있나요? 선생님, 현재를 즐기세요!"

태어나 단 한 번도 화장을 해본 적도, 예쁘게 보이려고 꾸민 적도 없다는 그분의 얼굴을 자세히 보니 잔주름 하나 없이 맑고 깨끗했다. 늘 긍정적이고 즐거운 마음으로 사는 것이 비법이 아닐까 싶었다.

문제는 요즘 젊은이들이 연애도, 결혼도, 자녀도 모두 포기한 채 살아가는 이유다. 내가 젊을 때와는 그 이유가 너무나 다르다. 분명 물질적·경제적으로 풍족해졌는데, 사는 것은 점점 힘들어지니 아이러니다. 청년들은 취업이 안 돼서 울고, 취업이 안 되니 그다음 단계로 나아갈 수 없는 건 어쩌면 당연한 일이다. 그런데 최근 정부가 낮은 출산율을 올리겠다며 '싱글세'를 도입하겠다고 해서 반발을 산 적이 있다.

우리나라의 지난해 출산율은 1.24명으로 OECD 국가 중 최하위 수준을 면치 못하고 있다. 이에 일각에서는 독일을 본보기 삼아 '싱글세'를 도입해야 한다고 목소리를 높이고 있다.

싱글세란 결혼하지 않고 혼자 사는 인구가 일정 나이 이상이 되면 세금을 걷는 제도다. 현재 우리나라에서 싱글세 도입은 언급에 그치고 있지만, 저출산 문제가 개선되지 못한다면 정부도 싱글세 부과를 진지하게 검토해야 한다는 주장이 나오고 있다.

국내에서는 이명박 정부 시절인 2013년 10월 대학생들에게 싱글세를 주제로 한 토론을 유도한 바 있으며, 지난 2014년에는 한 언론이 보건복지부 고위 관계자의 말을 빌려 '저출산 대책으로 싱글세를 추진 중'이라는 취지의 보도를 내면서 수면 위로 떠오르기도 했다. 반대 여론이 빗발치며 복지부가 금세 이를 부인하는 해명을 냈지만 정부의 싱글세 추진은 아직 진행 중일 가능성이 남아 있다.

싱글세 논란은 소득공제의 세액공제 전환, 출산 장려 세제 도입 등으로 연간 소득 4,000만 원 이하 가구의 혜택이 상당한 규모로 커지자 이를 일부 상쇄하려고 정부가 근로소득공제를 줄이려는 시도를 하면서 발생했다. 결과적으로 지출이 적고 자녀가 없는 1인 가구는 관련 혜택을 못 받고 근로소득공제 축소에 따른 세금 납부액만 늘어난 것이다.

현재 자녀를 둔 가정의 경우 정부가 누리과정 등을 통해 각종 지원에 나서고 있으며, 지자체별로 둘째 혹은 셋째 이상 자녀를 대상으로 출산 장려금을 지급하고 있다. 또한 각종 부양공제 등 세제 혜택도 집중된다. 반면 1인 가구의 경우 각종 세제 혜택에서 제외될 뿐 아니라 주거 정책에서 청약가점제 도입으로 가장 후순위로 밀려나 있으며 국민주택기금 지원 대상과 기준에서도 제외되어 있다. 여기에 매달 내는 소득세마저 더 걷고 있는 것이다.

최근 '삼포세대'니 '오포세대'니 하는 신조어에서 보듯 결혼을 하고 싶어도 경제 사정 등으로 인해 결혼을 포기하는 젊은 층의 1인 가구가 증가하는 추세다. 그런데 정부는 아직도 가족 중심의 정책을 펼치며 많은 1인 가구를 복지의 사각지대에 방치하고 있다. 이는 결국 1인 가구를 빈곤층으로 추락시켜 우리 사회의 복지 비용 증가로 이어질 수 있다는 점에서 조세정책에 대한 새로운 시각이 필요해 보인다.(2016년 3월 7일 〈동아경제〉)

최근에 미혼 남녀에게 싱글세를 부과해 결혼하도록 종용하겠다는 보건복지부 고위 공무원의 어처구니없는 이야기가 기사화된 적이 있다. 결혼하지 않은 것을 죄악시하고 그래서 세금을 매기겠다는 발상 자체가 시대착오적이다. 이런 의견을 제시했다는 고위 공무원은 사실무근이라고 딱 잡아뗐지만, 이런 이야기가 오갔다는 것 자체가 황당한 일이 아닐 수 없다. 이 땅의 많은 선남선녀가 왜 결혼을 하지 않거나 미루는지에 대한 근본적 고찰 없이 결혼하지 않으면 세금을 물리겠다, 즉 혐오적 처벌로 결혼과 출산율을 올리겠다는 안일한 발상에 심각한 유감을 표한다.

새로운 인생을 꿈꿔야 할 젊은 세대가 결혼과 출산을 포기한다는 것은 그만큼 현실을 살아가는 것이 팍팍하다는 의미다. 경쟁은 점점 심화되고 일을 하면 할수록 사는 것이 더 힘들어지는 이상한 구조 속에서 당연히 꿈꿔야 할 기본적 삶조차 포기할 수밖에 없는 이들에게 할 소리는 더더욱 아니다. 결혼과 출산에 따르는 많은 비용에, 맞벌이가 선택이 아닌 필수가 된 상황에서 아이는 누가 길러줄 것인가. 각종 사고로 어린아이들이 어이없이 죽어가는 상황에서 국가는 무엇을 했는가. 여전히 가사와 육아를 여성의 몫으로 돌리는 현실에서 아이를 기르느라 경력이 단절된 여성의 이후 삶에 대한 대책은 있는가.

비혼을 꿈꾸다

JTBC 드라마 〈밥 잘 사주는 예쁜 누나〉가 인기를 끌었다. 밥도 잘 사주는데 예쁘기까지 한 누나라면 누가 마다할까. 아니면 예쁜데 밥도 잘 사줘서 고마운 건가? 드라마에서 연상연하 커플이 보여주는 달달한 케미가 잊고 있었던 연애 감정을 불러일으키기도 하지만, 역시나 두 사람의 사랑은 난관에 부딪힌다. 두 사람의 관계를 알고 결사적으로 반대하는 여자(손예진 분)의 엄마 때문이다. 그녀는 남자(정해인 분)의 집안에 문제가 많고, 특히 그의 아버지가 새로 결혼해 낳은 아이들 양육이 결국 남자의 몫이 된다면 고생은 딸이 하게 될 거라는 황당한 주장을 펼친다. 엄마 역할을 맡은 배우의 일그러진 얼굴에 드러난 표정은 가히 폭력적이다. 이렇게 독단적이고 이기적이고 적극적인 엄마 손에 자란 여자 주인공은 상당히 순응적이다. 그녀는 엄마가 일방적으로 정해놓은 선을 보기 위해 집을 나선다. 그것이 자신의 남자 친구를 위해서라고 변명하며. 그러나 그건 누굴 위한 것이 아니다. 결국 강자의 압력에 굴복한 것이고, 그런 자신을 누군가가 구원해주길 바라는 것이다. 그녀의 사회생활도 그런 연장선상에 있다. 직장 상사에게 끊임없이 성희롱을 당하지만 그녀는 침묵한다. 그 사실을 아는 주변 사람들은 속이 터져 죽을 지경이다. 보다 못한 상사가 선택을 요구하자 그녀는 이런 말을 한다. "나를 제발 내버려둬라. 나를 중심에 놓고 흔들지 마라"라고.

전 남자 친구와의 관계도 마찬가지다. 스토커처럼 자신을 따라다니고 심지어 폭력까지 휘두르지만 아무런 조치도 취하지 않는다. 결국 이를 알게 된 현 남자 친구가 나서면서 두 사람의 관계는 일단락된다. 그래서 두 사람의 사랑이 시작되었다 치자. 여성의 우유부단함이 남자를 유인하는 요인이 되어 좀 더 적극적으로 구애하게 하고 그 결과 두 사람이 결혼한다고 가정하면, 결국 남자는 후회할 것이다. 늘 이 사람 저 사람 눈치 보면서 중요한 선택이나 결정을 미루고 뒤로 물러서는 여자에게 답답함과 분노를 느끼게 될 것이다.

어떤 사람은 여자는 자고로 저렇게 남자를 요리할 줄 알아야 한다고, 영악하게 여우처럼 살아야 한다고 말하며 소처럼 일하는 나 같은 사람을 비웃는다. 능력이 있고 잘못한 것도 없는데 왜 굳이 남의 눈치를 봐야 할까? 게다가 자신의 욕구를 숨긴 채 타인을 조종하고 그에게 조종당하는 관계는 건강하다 할 수 없다. 공격적이고 권위적인 남자와 사는 여자들 중 상당 부분 자신의 공격성을 숨기고 상대의 공격성에 기대어 간접적으로 자신의 공격성을 표출하며 대리만족한다. 그러면서 자신은 연약하고 가련한 대상으로 남는다.

내가 제일 싫어하는 말 중에 '남자는 세상을 지배하고, 여자는 그 남자를 지배한다'는 말이 있다. 개인적으로 솥뚜껑 운전도, 남자 요리도 취향에 맞지 않는다. 사실 우리 부모 세대까지만 해도 여성의 권리란 것은 빈약하기 그지없었다. 절대 우위의 남성 중심주의 문화에서 여성은 숨죽여 살며 그들의 비위를 건드리지 않기 위해 노력했다. 그러나 지금 이 시점에도 그런 것이 변함없이 지속되면서 세상의 변화를 위해 투쟁하고 있는 여성을 비하하거나 조롱하는 따위의 저급한 행동은 지양해야 하지 않을까.

요즘 많은 남자가 여성 상위 시대라 집에 가면 강아지만도 못한 취급을 받는다고, 세상이 변했다고 푸념한다. 얼핏 보면 여성의 힘이 꽤 강해진 것 같기도 하다. 그러나 그 속살을 들여다보면 가장이라는 무거운 책임에 눌려 거의 매일 야근하고 때로는 사회관계를 위해 음주를 즐기느라 본의 아니게 뒷전이 된 가정을 지켜온 것은 바로 여성, 그들의 아내다. 집안 살림과 육아 그리고 시부모 부양 등 각종 대소사를 챙기다 보니 의도와는 상관없이 집안의 중심이 되었고, 그런 자신을 살피지 않는 남편에게 수없이 상처받으며 인내하고 단련하다 보니 지금의 '아줌마'가 된 것이 아닌가. 세파에 시달려 목소리는 기차 화통처럼 커졌고 남편에 대한 기대는 원망으로, 절망으로 바뀌어 이제는 흘릴 눈물조차 남지 않은 그들에게 자유를 좀 줘도 될 만한 시기에 어이없게도 자녀들은 자신의 아이를 맡기는 것이 현실이다. 무엇이 여성 상위라는 말인가.

우리는 이전의 불평등과 차별을 답습하지 않기 위해 죽도록 공부하고 일하며 지금까지 살아왔다. 이제 와서 이것마저 부정해야 하는가? 이제 세상이, 사회가 답을 줄 때다.

작년 이맘때쯤 전쟁 위기가 한창 고조되었을 때 '전쟁이 일어나기 전에 한국은 저출산으로 먼저 위기를 맞을 것'이라는 기사를 본 기억이 있다. 우리나라의 저출산 문제는 몇 년 전부터 심각성을 보이기 시작했고, 여기저기서 적신호를 보내고 있다. 그러나 정작 출산의 당사자인 여성들의 반응은 냉담하다. '그래서 결혼해 집안일과 육아에 시달리고 시댁 눈치 보며 세월을 보내면 국가에서 열녀비라도 세워준다나?' 각종 세제 혜택과 더불어 복지정책 등을 내놓아도 별다른 변화가 없는 이유는 그 핵심에 있는 여성에게 어필하지 못했기 때문이다. 여성의 삶을 배제한 채 출산율 운운하는 것은 떡 줄 사람은 생각도 안 하는데 김칫국부터 마시는 것과 다름없다. 내 주변에는 심지어 남편은 필요 없고 아이만 있었으면 좋겠다는 여자도 많다.

얼마 전 한 티브이 프로그램에서 만삭의 임신한 며느리가 하루 종일 일에 시달리는 장면을 보았다. 어린아이까지 보며 쉴 새 없이 일을 하는데도 다른 가족은 도와주기는커녕 음식 타박을 하는 모습이 전파를 타자 시청자의 공분을 샀다. 더욱 어이가 없는 것은 그런 아내에 대한 남편의 태도였다. 아내의 입장을 털끝만큼도 이해하지 못하고 오히려 시댁 가는 것을 외식하는 것으로 여기라는 그의 멘트는 상식적으로 이해가 되지 않는다. 이것이 2018년 대한민국에서 아직도 버젓이 일어나고 있는 상황이고 현실이다.

그럼에도 결혼해야 한다고 주장하는 것은 여성에게 일방적 희생을 강요하는 것이다. 내가 부모라면 노예 취급을 당하는 내 딸을 당장 데려올 것이다. 무엇 때문에 그런 대접을 받아야 한다는 말인가.

세계 최고의 통계 석학으로 불리는 한스 로슬링 카롤린스카 의학원 교수는 지난 2일 〈경향신문〉과 한 인터뷰에서 "한국의 저출산 상황이 이대로 가지는 않을 것"이라며 "한국의 미래는 변할 수 있다"고 말했다. 로슬링 교수는 2012년 미국 〈타임〉이 선정한 세계에서 가장 영향력 있는 100인 중 한 명으로, 2012년 BBC는 그의 강의를 10대 테드TED 명강의로 선정하기도 했다. 주옥같은 그의 조언 일부를 소개한다.

"지금의 추세라면 언젠가 한국이 사라진다는 건데, 그건 말도 안 된다. 결론부터 말하면 한국은 또 변할 것이다. 사람도, 나라도 변한다는 것을 보여준 게 한국이고, 한국은 분명 변화할 것이다. 단순한 인구정책으로는 안 된다. 페미니즘을 통해 변화가 올 것이다. 과거의 여성과 달리 지금의 여성은 일도 잘해야 하고 집안일도 잘해야 한다. 이런 부담을 지워서는 출산율이 높아질 수 없다. 내가 말하는 양성평등은 남편이 아내와 함께 일을 나누는 수준 이상을 의미한다. 전통적 역할 분담의 파괴다. 남녀의 역할 분담이 유연해질수록 사회 전체의 효율성이 높아진다. 결혼과 이혼에 대해서도 좀 더 너그러워지고, 사회가 지원해야 한다. 스웨덴에서는 싱글맘이나 그들의 아이에 대한 낙인이 없다. 동성애에 대한 생각도 바뀌어야 한다. 스웨덴에선 2명의 장관이 동성애자고 주교도 동성애자다. 결국 한국인이 '우리는 이런 삶을 원한다'는 의지를 갖는 게 중요하다. 특히 여성들이 적극적으로 목소리를 내야 한다. 여기에 성패가 달려 있다."[43]

나는 30대 초반까지 결혼할 생각이 전혀 없었다. 그러다 나이가 들면서 지치고 힘들 때 누군가 곁에 있었으면 좋겠다는 생각이 조금씩 들기 시작했고, 소개로 사람들을 만나기 시작했다. 그러나 예나 지금이나 나처럼 소위 가방끈이 긴 여자는 남자들이 선호하지 않는다. 직접적으로 아주 친절하게 그런 설명을 해주는 남자도 있었다. 어떤 이는 남자를 만나면 학력을 속이라고 충고하기도 했다. 아직까지 여자는 일과 사랑 중 하나를 선택해야 하는 기로에 놓일 때가 많고, 능력을 계발하는 것이 여성으로서의 매력을 감하는 요인이 되기 때문이다. 능력이 있는 건 좋지만 자신보다 잘나

43. 출처: http://m.biz.khan.co.kr/view.html?artid=201510041332171&code=920100#csidxe5c73abd1496152bc3b3cbd0fca9f39

가는 건 싫고, 더욱이 바쁜 건 용서가 안 된다는 논리다. 그러면서도 지속적인 경제활동을 바라는 이중성을 보인다. 게다가 나같이 나이 많은 여자는 여자 취급도 하지 않는다.

어떤 남자는 이상형이 20대 연예인 누구라면서 자기 정도면 충분히 그런 사람을 만날 수 있다는 식으로 말하기도 한다. 나이 먹은 여자는 매력이 없다면서. 어이없게도 정작 자신의 나이는 인지하지 못하는 듯했다. 스무 살 가까운 나이 차를 극복하고 결혼하는 경우도 종종 있긴 하지만, 여성의 눈에도 나이 든 남자는 별로 매력적이지 않다. 탄력을 잃은 피부와 흘러내리기 시작한 살, 벗겨진 머리, 조금만 움직여도 피로를 호소하는 저질 체력은 그렇다 치자. 어차피 노화는 누구에게나 찾아오는 거니까. 그보다 남자라는 못난 우월감과 세월의 풍파를 겪으며 단련된 이기심과 고집으로 똘똘 뭉친 뚝심, 여성을 배려하지 않는 무례함은 참기 어렵다. 심리역동적 관점에서 보면 나이 어린 여자를 찾는 남자는 정신연령이 그 수준에 머물러 있을 가능성이 높다. 나이 든 여자는 엄마 같고 누나 같아서 싫은 것이다. 젊고 발랄한 20대와 정신 수준은 맞출 수 있을지 모르지만, 이미 늙어버린 육체와 빈약한 주머니 사정으로 흘러간 세월을 만회하고 나이 차를 극복할 수 있을까?

그래서 "보기보다 생각이 고루하시네요. 누가 그러던가요?"라고 물으니 순간 말을 하지 못했다. 스스로 한 번도 그런 생각을 의심해본 적이 없기 때문일 것이고, 대부분은 누군가에게 들은 이야기를 무비판적으로 받아들였을 것이다.

어떤 남자는 내 학벌을 운운하며 자기가 더 좋은 대학을 나왔다 자랑하고는 학교 다닐 때 공부를 못했을 것 같다고 했다. 지적으로 보이지 않아 좋다는 말과 함께. 어이가 없어 웃음이 나왔다. 이제 와서 그게 뭐 그리 중한가? 그러면서 자기보다 돈을 잘 벌 것 같다며 밥을 사라고 했다. 이제는 만나는 남자 밥까지 사주며 데이트를 해야 하나 싶었다. 내가 이런 남자 만나 스스로 자존감을 뭉개고 굴종적으로 맞춰가는 것이 맞는지 회의감이 들었다. 이런 치졸한 남자들에게 지쳤다.

최근에는 "결혼 안 하니까 좋죠? 원하는 일도 맘대로 할 수 있고. 결혼은 안 하시는 거죠?" 그러면서 한편으로 어떻게든 내가 여자임을 강조하고 폄하하려는 시도에 넌덜머리가 난다. 그래서 점점 결혼이 아닌 비혼으로 가닥을 잡아가고 있다. 결혼을 대체할 만한 획기적인 어떤 제도가 새롭게 탄생하지 않는다면 말이다.

동거, 사실혼, 결혼의 차이

결혼이 싫어서 동거를 선택하는 사람들이 있다. 프랑스 같은 나라에서 연인 간 동거는 흔한 일이다. 오히려 그들은 살아보지도 않고 결혼을 선택하는 우리의 문화에 놀라움을 금치 못한다. 나도 그들의 말에 십분 공감한다. 아무리 오래 사귄 연인도 결혼하면 그 시점부터 완전히 다른 경험을 한다고 한다. 사람은 겪어봐야 안다. 그것을 결혼하고 부부 관계가 되어 알게 된다면 엄청난 대가를 치러야 하기 때문에 신중할 필요가 있다.

그러나 동거가 그런 위험이나 단점을 완벽하게 보완할 수 있을까? 그 문제에 대해선 의문을 품지 않을 수 없다. 이론적으로 생각하면 나름 합리적이다 싶지만, 실제 동거 커플의 이야기를 들어보면 실상은 그렇지 않다. 더욱이 우리나라의 현실은 외국과 다르다는 점을 인식할 필요가 있다. 어떤 이는 결혼은 정규직, 동거는 계약직과 비슷하다고 말하는데, 사실 동거는 계약직에도 해당하지 않는다. 무계약 상태인 것이다. 즉 안전장치가 전혀 없다는 말이다. 그런 면에서 사실혼과도 다르다. 그렇기 때문에 한쪽이 일방적으로 관계를 깨고자 할 경우 한쪽은 속수무책으로 당할 수밖에 없다. '당한다'는 말은 상당히 주관적이고 한국적인 표현이라고 생각한다. 사랑해서 동거했는데 당하고 말고 할 게 뭐 있나 싶겠지만, 실제로 이별을 경험하는 이들의 입장은 그렇지 않다. 즉 법적으로나 사회적으로 충분히 준비되어 있지 않은 상황에서 결혼을 회피하기 위한 수단으로 동거가 답이 될 순 없다고 본다.

결혼은 미친 짓이다

2000년대 초반 가수이자 배우인 엄정화의 파격 노출 신으로 이슈가 된 〈결혼은 미친 짓이다〉[44]라는 영화를 봤다. 소개로 만난 남자와 여자가 있다. 두 사람은 서로에게 끌리고 사랑에 빠지게 된다. 여자는 결혼을 원하지만 미래가 불투명한 남자는 결혼을 꺼린다. 여자는 조건에 맞는 다른 남자를 만나 결혼한 후 다시 그의 앞에

44. 〈결혼은 미친 짓이다Marriage is a Crazy Thing〉
(**감독** 유하 **주연** 감우성, 엄정화, 2002년 개봉)
대학 강사 준영과 조명 디자이너 연희는 소개팅으로 만난다. 첫 만남에서 서로에게 강렬하게 끌린 두 사람은 여관으로 직행한 후 연애를 시작한다. 조건 좋은 남자와 결혼하고 싶은 연희는 결혼을 원치 않는 준영을 두고 다른 남자와 결혼한다. 그러나 그녀는 결혼 후 준영을 다시 만나며 아슬아슬한 연애를 지속한다.

나타난다. 그리고 이렇게 말한다. "들키지 않을 자신 있어." 두 사람의 만남은 그렇게 은밀히 다시 시작된다. 이 영화는 결혼이 사랑만으론 불가능하다는 것을 상기시킨다. 물론 결혼이 조건만 맞으면 되는 비즈니스는 아니지만 엄연한 현실이다. 그러나 주인공이 이런 선택을 할 수밖에 없었는지에 대해서는 아쉬움이 있다. 그녀는 결혼 적령기를 넘긴, 말하자면 노처녀로 부모에게 결혼 독촉을 받는다. 혹시라도 자신의 딸이 결혼하지 못할까 봐, 또는 제대로 된 남자를 만나지 못할까 봐 노심초사하는 부모의 걱정을 그녀가 모를 리 없다. 그런 부모의 압력을 못 이긴 것인지 스스로의 선택인지 불분명한 채로 결혼한 그녀의 이후 삶이 어떨지 궁금하다. 과연 행복할까?

결혼을 하든 안 하든 결혼의 궁극적 목표는 행복하게 사는 것이다. 배우 엄정화가 출연한 또 다른 영화 〈지금 사랑하는 사람과 살고 있습니까?〉[45]는 결혼의 권태에 대해 다룬다. 결혼한 지 3년 된 부부는 우연히 만난 다른 부부의 배우자에게 각각 끌리게 된다. 이미 부부라기보다는 가족의 일원으로서 각자 맡은 일에 충실하며 살아가는 그들은 행복하지 않다. 아내가 남편에게 묻는다. "나 아직 당신에게 여자인가?" 이 물음에 남자는 덤덤하게 답한다. "가족이지." 결국 부부는 이별을 선택하고 각자 다른 반려자를 만나 새로운 출발을 한다는 내용이다. 부부가 부부로 기능하지 않고 그저 자녀를 공동 양육하고 각자 맡은 역할만 하며 살아가기에는 인생이 너무 길다.

또 다른 영화 〈사랑에 대한 모든 것〉[46]은 천재 물리학자 스티븐 호킹의 실화를 다룬다. 불치병에 걸린 스티븐 호킹과 결혼한 제인, 그녀의 헌신적인 노력으로 스티븐 호킹은 승승장구한다. 그러나 그의 신체적 장애로 가정에서 남편이자 아버지로서의 역할은 늘 그녀의 몫이 되어버린다. 그렇게 그녀는 서서히 지쳐간다. 그리

45. 〈지금 사랑하는 사람과 살고 있습니까?Love Now〉
(**감독** 정윤수 **주연** 엄정화, 박용우, 이동건, 한채영, 2007년 개봉)
완벽한 부부의 모습을 보여주는 건설 회사 이사 영준(이동건 분)과 조명 숍을 운영하는 소여(한채영 분), 친구 같은 부부 관계를 유지하는 패션 컨설턴트 유나(엄정화 분)와 호텔리어 민재(박용우 분). 이들의 엇갈린 사랑이 시작된다. 우연히 만난 두 커플은 각자 다른 배우자에게 호감을 느끼게 된다. 설렘 없이 가족으로 살아가던 부부는 다른 이성에게 느끼는 감정을 점점 감출 수 없게 되고, 네 사람은 알 수 없는 혼란에 빠져든다.

46. 〈사랑에 대한 모든 것The Theory of Everything〉
(**감독** 제임스 마시 **주연** 에디 레드메인, 펠리시티 존스, 2014년 개봉)
고인이 된 물리학자 스티븐 호킹의 실화를 영화화한 작품으로 스티븐 호킹의 일과 사랑에 대한 이야기를 그린다. 특히 호킹을 항상 가까이서 살뜰히 보살핀 아내 제인과 그의 사랑이 잔잔한 감동으로 다가온다. 진정한 사랑에 대해 생각하게 하는 영화.

고 어느 날 그녀에게 새로운 남자가 나타난다. 놀랍게도 이 사실을 안 스티븐 호킹은 그녀를 그 남자에게 보내준다. 남편과 헤어지면서 그녀는 이런 말을 한다. "난 최선을 다했어." 이 말은 진정성 있게 들린다. 그렇게 두 사람은 아름다운 이별을 한다. 요즘 '졸혼'이라는 말이 회자되고 있는데, 후회 없이 사랑하고 모든 걸 바친 사람들에게 일종의 휴식을 주는 것이라는 생각이 들었다.

모 방송에서 한 외국인이 이런 말을 했다. 프랑스에서 사람들이 결혼하지 않는 이유는 이혼율이 높기 때문이라고. 그러나 이혼이 두려워 결혼을 망설인다는 것은 비겁한 변명으로 들린다. 어쨌든 '결혼은 해도 후회, 안 해도 후회'라는 말은 그래서 여전히 의미심장하다.

결혼은 사랑의 결실이자 결단이고 의지다. 안정적인 사랑을 바탕으로 한 결혼과 출산은 사회를 지탱하는 든든한 기반이 된다. 그러나 현실적 측면을 무시한 채 무턱대고 '결혼해라', '하지 마라'라고 말하기엔 현재 우리의 삶이 간단치 않다. 나는 개인적으로 성숙하지 않은 개인이 대책 없이 하는 결혼은 하지 않느니만 못하다고 생각한다. 미성숙한 개인의 결합은 두 사람의 문제에서 끝나는 것이 아니라, 그들의 아이와 주변 사람들에게도 상당히 부정적인 영향을 미치기 때문이다. 가능하다면 결혼하기 전에 커플 치료나 상담을 받는 것도 좋다. 부부 또는 가족 상담을 하다 보면 태어나 자란 가족 관계의 문제가 현재 부부 관계나 자녀 관계에서 되풀이되는 경우가 많기 때문이다.

한편 경제적 이유로 젊은이들이 결혼을 포기하는 불행한 상황은 국가와 사회가 함께 고민해야 할 문제다. 수년 전 한 대통령 후보의 공약이 화제가 된 적이 있다. 신혼부부에게 1억 원씩 주겠다는 그 공약은 당시에는 황당한 발언 같았지만, 그런 획기적인 대안이 필요할 정도로 우리의 미래는 불안하기만 하다.

그 밖에 결혼이라는 제도를 보완할 다른 제도도 마련해야 한다. 일하는 여성에게 결혼과 육아는 너무나 부담스럽고 고민되는 문제다. 결혼을 그저 개인의 능력이나 성격 등의 문제로 치부한다면 혼자만의 삶을 꿈꾸는 싱글족이 점점 늘어날 것이고, 우리의 미래는 더욱 불투명해질 것이다.

왜 결혼을 하는가?

오래전 누군가의 소개로 한 남자를 만난 적이 있다. 보통의 외모에 회사원인 그는 모든 것이 평범했다. 이런저런 이야기를 나누다 그에게 꿈이 무엇인지 물었다. 그는 잠시의 망설임도 없이 "결혼해서 예쁜 아이들 낳고 사는 것"이라고 했다. 그는 그저 평범한 삶을 꿈꾸는 사람이었다. 그 당시 나는 젊고 하고 싶은 일이 너무 많았기에 그의 말에 실망했다. 겨우 꿈이 결혼해서 평범하게 사는 것이라니……. 그의 꿈이 시시하게 여겨졌고, 그렇게 그에 대한 기억은 내게서 잊혀갔다.

그런데 돌고 돌아 지금 이 시점에 평범한 꿈을 꾸며 사는 것이 얼마나 중요한 일인지 새삼 깨닫게 된다. 내 생각에 평범함이란 너무 무리하지 않으며 조화롭게 사는 것이다. 지금 그것이 왜 이렇게도 어려운 일이 되었을까?

우리 부모 세대만 해도 결혼 비용이 그다지 많이 들지 않았다. 부모님에게 신혼살림을 단칸 셋방에서 수저 두 벌 들고 시작했다는 얘길 들은 기억이 난다. 그런데 지금은 엄청난 비용과 시간을 들여야 한다. 자녀 양육은 또 어떤가. 이런 것이 모두 부담으로 다가오고, 그래서 평범한 꿈조차 꾸지 못하게 된 것은 아닐까. 그러나 인생은 앞으로 어떻게 펼쳐질지 아무도 모르는 일이다. 힘을 내시라.

심리학자 도널드 위니컷은 혼자 있는 시간의 중요성을 역설하는 한편 이렇게 말했다. 인간의 성숙은 개인적 발달에 그치는 것이 아니라 사회 속에서 사람들과 더불어 살아가는 관계를 통해 완성된다고. 즉 혼자서 독립적인 생활을 할 수 있는 성숙함과 함께 현실의 삶에서 다른 사람과 더불어 살아갈 수 있는 성숙함이 조화를 이뤄야 가장 이상적인 삶일 것이다. 그런 삶을 꿈꾸며 이 글을 마친다.

나, 세상의 고정관념과 편견에 맞서는 마이너리티

히키코모리, 오타쿠, 잃어버린 세대lost generation, 프리터freeter, 니트족neet이라는 용어를 들어본 적이 있는가?

마이너리티에 대한 글을 쓰면서 고민한 것은 자칫 아무것도 하지 않고 집에만 콕 박혀 누구와도 소통하지 않고 살아가는, 그야말로 소외된 삶을 정당화하는 것으로 읽히진 않을까 하는 우려였다. 최근 청년들 사이에 광범위하게 퍼져 있는, 자신의 미래를 어둡게 자각하는 사회적 분위기 때문에 더욱더 마음이 불편했다.

예를 들어 자신의 방에 틀어박혀 가족과도 단절한 채 살아가는 것이나 한 분야에 지나치게 집착하는 성향이나 특정 직업 없이 아르바이트를 전전하는 삶(프리터)이나 아예 취업이나 구직을 포기한 이들(니트족) 모두 부정적인 이미지로 비친다. 또한 비관적인 현실을 부정하며 그저 현재를 즐기라는 의미의 욜로YOLO, you only live once나 결혼을 거부하는 비혼, 1인 가구, 혼밥, 혼술 등의 용어도 심심치 않게 인용되는데, 이들을 살펴보면 최근 청년의 고단한 삶이 고스란히 전해지는 듯하다. 위에 언급한 용어들 대부분의 의미가 사회로부터 소외되고 단절된 청년의 라이프스타일과 관련되어 있기 때문이다.

청년 A는 편의점에서 아르바이트를 하며 생계를 잇고 남는 시간엔 좋아하는 책을 읽거나 영화를 본다. 연애는 하고 싶지만 그저 가끔 썸타는 것으로 만족한다. 그에게는 그가 돌아오기를 눈 빠지게 기다리는 애완견이 있다. 그렇게 연인에게 받을 수 있는 사랑을 애완견의 일방적 사랑으로 대체하고 있다.

한편 청년 B는 명문 대학에 다니고 있지만 미래가 불투명하다면서 졸업 후 몇 년간 집중적으로 일해 모은 돈으로 작은 집을 구하고 돈이 떨어질 때까지 살다가 죽겠다고, 어차피 언젠가 죽을 텐데 뭐하러 죽을 둥 살 둥 노력하느냐고 말한다. 자신에겐 스마트폰과 컴퓨터만 있으면 된다는 것이다. 숨이 턱 막힌다.

물론 모든 청년이 이런 삶을 사는 것은 아니겠지만 분명 우리 때와는 사뭇 다른 느낌이다.

내가 어릴 때는 가난했지만 꿈이 있었고, 그 꿈이 있어서 힘든 상황을 극복할 수 있었다. 《욕망 이론》의 저자인 정신분석가 자크 라캉의 말대로 그 꿈은 인생이라는 사막을 건너기 위해 필요한 '오아시스'와 같은 것이며, 때로는 그것이 실현되지 않고 더러는 허황하게 우리를 현혹하는 어떤 것일지라도 그것이 있어 무사히 지금에 이를 수 있었음을 인정하지 않을 수 없다.

앞에서도 밝혔듯 많은 사람이 자기만의 내적 준거를 갖지 못한 채 타인과 자신의 삶을 비교하고 비하하면서 타인과 같아지기 위해 또는 뒤처지지 않기 위해 많은 시간을 소비한다. 그런 삶은 결국 피로감으로 이어지고, 지친 현대인은 스스로 사회로부터 격리되고 소외될 필요성을 느끼는 것인지도 모른다. 사람들과 관계를 맺고 그 안에서 살아가는 것이 인간의 원초적 본능임에도 스스로를 소외시키는 것이 비단 편리한 삶이 주는 폐해만은 아닐 것이다.

이런 현상은 어쩌면 사회가 새롭게 변해가는 과정일 수 있고, 각각의 문화가 자리 잡고 적응해가면서 우리 사회는 더욱 다양성을 품게 될 수도 있다. 혼자서도 많은 것을 할 수 있고, 필요하다면 세상 어느 누구와도 쉽게 소통할 수 있고, 원하는 정보를 얻고 세계 곳곳의 소식을 들을 수 있는 인프라를 구축한 상황에서 굳이 아날로그 방식을 고집할 이유는 없을 것이다.

과거에는 분명 대부분의 사람이 사는 대로 살 필요가 있었고, 그것이 옳고 그름을 떠나 그렇게 따라야 한다는 '맹목'이 있었다. 그러나 그런 맹목에서 벗어나면 그동안 갇힌 세상에서 얼마나 답답하게 살아왔는지 깨닫게 된다. 나를 가둔 것은 어쩌면 세상이 아니라 나 자신인지도 모른다. 그럼에도 타인을 의식하고 내가 다른 사람과 다른 것은 아닌지, 나만 이렇게 사는 것은 아닌지 의심한다면 그나마 공동체 안에서 살고자 하는 의지가 있는 것이고, 이런 불안은 원초적이며 자연스러운 것이다. 다만 어떤 방식을 고수하든 융통성 있게 열려 있어야 하고 소통해야 하며 변화할 수 있어야 한다. 삶은 어떤 방향으로 흘러갈지 알 수 없으므로.

따라서 위에 제시한 현상들을 긍정적 국면으로 전환하려는 노력이 필요하다.

내 경우를 예로 들어보면, 나는 히키코모리나 은둔형 외톨이 정도는 아니지만 사람들과의 관계를 불편하게 여기는 극단적 내성주의자다. 외출하는 것은 물론 많은 사람을 만나는 것도, 사람이 많은 장소도 별로 좋아하지 않는다. 시간이 지날수록 새로운 관계를 형성하는 것이 점점 힘들게 느껴지고 부질없단 생각마저 든다.

젊을 때는 이런 나의 성향을 잘 파악하지 못해 남들과 다르지 않은 삶을 살아왔다. 그러나 빈번한 사회적 접촉이 나를 지치게 한다는 것을 뒤늦게 알게 되었고, 지금은 거의 홀로 작업하며 상당 부분 단절된 생활을 하고 있다. 그렇다고 내가 직업적·사회적인 기능을 하지 못하는 사람은 아니다. 관심 분야가 있으면 한동안은 그것에 몰입하기도 하지만, 현실감각을 잃어버리진 않는다는 얘기다. 중요한 건 내가 가장 잘할 수 있는 일을 하면서 사는 것이다. 시간이 오래 걸리긴 했지만 이제라도 나의 성향을 알고 그에 맞는 일을 찾아 하고 있어서 다행이다.

또 다른 예를 들어보자. 수년 전 유명 가수의 집이 화제가 된 적이 있다. '어린 왕자'로 불린 이 가수의 집은 온갖 장난감과 피겨로 가득했다. 워낙 동안인 데다 천진난만한 그였기에 그런 취미가 어울린다 싶으면서도 다소 이상하다고 생각했다. 나잇값을 못하는 것 아니냐는 비아냥거림도 있었지만, 지금 생각해보면 이런 생각 자체가 일종의 고정관념stereotypes[47]이다. 사람들은 자신이 경험하지 못한 생경한 것을 보면 일단 의구심을 갖고 부정적으로 평

47. 고정관념은 집단적 적대의 인지 요소로 어떤 특정 집단이나 사회적 범주의 사람들이 갖고 있는 개인적 속성에 관한 신념이다.

가하려는 경향이 있다. 이런 경향성은 어쩌면 자신을 보호하기 위한 장치일 수 있다. 다른 한편으로는 분류를 통한 효율적 정보 처리를 위해 범주화categorization process를 하게 되는데, 이 과정에서 왜곡된 인식이 형성될 수 있다. 대표적인 것이 인종이나 성별에 따른 차별이며, 우리나라에서 특정 지역 사람들을 부정적으로 인식하는 경향성 등도 이에 포함될 수 있다. 어떤 정치인이 좌파와 우파를 나누며 종종 쓰는 '빨갱이'라는 부적절한 용어는 여전히 특정 대상에게는 특별한 의미로 다가갈 수 있다.

이야기가 너무 멀리 갔다. 아무튼 어떤 대상에 지나칠 정도로 집착을 보이는 경우 오타쿠[48]라고 하는데, 최근 우리나라에서 쓰이는 '덕후'라는 말과 일맥상통하는 면이 있다. 일본에서 이런 현상이 발생했을 때는 히키코모리만큼이나 기이하게 여겼으나 최근 다양한 해석을 시도하고 있다. 오타쿠가 다소 부정적인 이미지가 강하다면 키덜트kidult는 상대적으로 긍정적인 측면이 부각된다.

48. 오타쿠おたく는 ① 상대를 높여서 그 집, 가정을 이르는 말 ② 상대의 남편을 높여서 부르는 말 ③ 상대를 높여서 그가 속한 회사, 조직 등을 이르는 말 ④ 어떤 분야, 사물을 이상할 정도로 자세히 알고 있는 사람을 일컫는 젊은이들의 은어 등의 뜻으로 사용하는 이인칭 대명사. 거의 대등하나 그다지 친하지 않은 상대를 가볍게 경의를 가지고 일컫는 말.(《大辞林》, 三省堂 第2版, 1999年)

키덜트는 아이라는 의미의 'kid'와 어른을 뜻하는 'adult'를 합친 합성어다. 즉 몸은 성인이지만 행동이나 취향은 어린아이와 같다는 의미인데, 1985년 〈뉴욕 타임스〉에 처음 등장했다. 이들은 정상적인 사회생활과 인간관계를 유지하면서 취미로 즐기는 특정 분야에 한해 이런 성향을 보인다.

박은경(2015년)은 다음과 같이 설명한다. 특별한 목적의식 없이 그것 자체로 흥미를 느끼는 재미있는 놀이나 유희遊戲는 억압되고 답답한 현실에서의 탈피 본능이다. 이런 현상을 반영한 듯 20~40대 성인에게 나타난 키덜트 문화는 일종의 향수주의 문화 현상이다. 키덜트는 성인이 되었음에도 불구하고 어린이의 취향이나 감성을 즐기는 어른을 뜻하며, 어린 시절 순수한 동심은 삭막한 현실의 탈출구가 된다. 획일화된 문화에서 발생한 인간성 상실이나 자아 정체성 상실은 자신만의 문화가 필요한 일부 대중에게 또 하나의 특이한 문화 현상으로 나타났다. 피터팬 증후군은 겉모습은 성인이지만 현실을 인식하는 능력이 부족하고 사회의 구성원으로 속하지 못한 어른이다. 꿈나라에서 모험하는 영원한 '성인아이'[49]의 부정적 의미로 해석된다. 하지만 키덜트 문화는 하나의 트렌드로 인정되며 우리나라뿐 아니라 전 세계적 문화 현상으로 예술, 영화, 광고, 패션 등 다양한 분야에 확산되어 있다. 각박한 현실에서 받은 스트레스와 상처를 동심의 세계에서 달래고 안정과 휴식을 되찾고자 하는 키덜트 문화는 또 하나의 특이한 즐거움이나 유쾌함을 지니고 있는 것이다.[50]

전술했듯이 이 책은 평범하지만 스스로 마이너라고 생각하는 사람들을 위해, 그들이 자기 자신을 긍정하고 건강한 삶을 살길 바라는 마음으로 썼다. '평범'이라 쓰고 '이상 또는 비정상'이라고 이해하는 기이한 현상에 대한 안쓰러움이 있었고, 나는 그들에게 절대 이상한 사람이 아니며 부족하지도 않다고 말해주고 싶었다. 성실히 잘 살고 있고, 지금의 혼란과 방황은 미래를 위한 밑거름이 되어줄 것이라고 위로하고 싶다.

---

49. 성인아이는 육신은 어리지만 정신적으로 너무 빨리 성장하는 아이로 성인들이 해결해야 할 문제를 나이에 맞지 않게 조숙하게 다루어야 하는 아이를 말한다. 또한 성인아이는 해소되지 않은 어린 시절의 문제를 아직 처리하고 있는 성인이다. 그래서 성인아이는 어린 시절에는 성인처럼 사고하며 행동하고, 성인이 되면 몸은 성인이 되었지만 내면적으로는 유년 시절의 해결되지 않은 문제들을 갖고 아이처럼 행동하고 생각하며 느끼는 사람을 말한다. 성장 과정에서 경험한 정서적 상처가 남아 있기 때문에 성인아이는 자신을 어른으로 여기는 데 갈등을 겪는다.(《역기능 가정의 성인아이와 상담》, 김경호 지음, 한사랑가족상담연구소 펴냄, 2002년, 재인용)

50. 〈현대 회화에 나타난 키덜트 이미지의 유희성에 관한 연구〉, 박은경, 계명대학교 미술학과 박사 논문, 2015년.

싸워라, 이겨라,
그리고 자기 자신을 보좌하라

나는 누구인가에 대한 끊임없는 질문은 결국 심리학에 입문하도록 이끌었고, 그럼에도 내가 누구인지 가끔은 여전히 혼란스럽다. 스무 살엔 하고 싶은 것이 너무 많은데 할 수 있는 능력이 없어 괴로웠고, 서른이 되어서는 해야 할 것이 너무 많아서 괴로웠다. 지금은 하고 싶은 것이 없어서 인위적으로 무언가를 하는 것이 힘들다. 그래서 각종 미디어를 통해 전달되는 무차별적 메시지를 차단하며 나름의 삶을 구축하려고 노력 중이다.

그러는 한편 종종 치열하게 싸운다. 요즘 '미투운동MeToo'이 한창이다. 다소 늦은 감이 있지만, 이에 동의하는 한 사람으로서 한마디 하지 않을 수 없다. 내가 직장에 다닐 때만 해도 직장 내 성희롱이라는 개념 자체가 없었다. 회식이라도 있으면 여직원은 어떻게든 빠질 궁리를 하거나 상사 옆에 앉지 않으려고 구석자리를 찾았다. 술은 여자가 따라야 한다는 둥 헛소리를 하면서 술 따를 것을 강요했고, 이에 반발해 싸운 적이 한두 번이 아니었다. 게다가 늦도록 집에 보내주지 않아 그 시절 회식은 그야말로 악몽 같았다. 그러던 어느 날 부장이 내 신체 부위를 만졌다. 나는 반사적으로 그를 향해 주먹을 날렸고, 다음 날 사직서를 제출했다. 그러나 그런 나에 대한 주변의 반응은 싸늘했다. 한심하다는 듯 바라보며 싸우지 말라고 충고하기도 했다. 자신은 주변 사람들의 평화를 위해 참는다는 구실을 대며. 그러나 사실 그들은 비겁하게 숨는 것일 뿐이다. 그렇듯 비겁하게 숨은 대가로 누군가 이득을 얻었는가? 세상이 바뀌었는가? 아니면 참은 대가로 당신에게 감사를 표하던가?

나를 공격하는 사람들은 불친절하고 상냥하지 않으며 애교가 없다는 지적을 한다. 표정이나 말투가 딱딱하다는 것이다. 그런 이들에게 여성이 상냥함과 친절함으로 어떤 이득을 얻을 수 있는지 묻고 싶다. 오히려 목소리 높여 싸울수록 권리가 향상되었고, 억울해도 속으로 삭이고 참는 방식은 전혀 우리의 삶을 변화시키지 못했다. 따라서 불필요하게 친절해질 이유를 나는 알지 못한다. 다만 무례함에는 동의하지 않는다.

세상의 절반을 차지하지만 여전히 마이너인 여성들은 아직도 그 굴레에서 벗어나지 못하고 있다. 얼마 전 SNS에 글을 올렸는데, 누군가가 "전문가라고 할지라도 당신은 여자임을 잊지 말라"라는 댓글을 달아놓았다. 그러면서 좋은 사람 만나라는 충고도 잊지 않았다. 그 말에는 여자는 홀로 설 수 없는 반쪽짜리 인생이라는 의미가 함축되어 있다고 생각한다.

왜 여검사, 여교사, 여선생이라는 구분이 필요한가? 미혼부는 없어도 미혼모는 존재하는 세상, 세상이 진보한다는 것은 사회적 고정관념과 편견에서 벗어난다는 것이고, 세상이 바뀌는 것은 누군가 불합리함에 저항하고 소신 있게 자신의 목소리를 내기 때문이다. 누군가 불을 밝히고 있기 때문이다. 누군가 굴하지 않고 자신의 삶을 꿋꿋하게 지켜내고 있기 때문이다. 당신이 누구든 이 세상의 일원으로 당당히 살아갈 자유와 권리가 있으므로 나는 그런 당신을 지지하고 응원한다. 쉽게 굴하지 말고 적당히 양보하지 말고 자신의 삶을 당당히 꾸려가기를, 행운이 당신과 함께하기를 바란다.

2018년 6월
박소진

나는 자발적 방콕주의를 선택했다

글 박소진

1판 1쇄 인쇄 2018년 6월 25일
1판 1쇄 발행 2018년 6월 30일

발행인 신혜경
발행처 마음의숲

대표 권대웅
주간 이효선
편집 송희영
디자인 임정현
마케팅 노근수 허경아

출판등록 2006년 8월 1일(105－91－03955)
주소 서울시 마포구 동교로 144－13(서교동 436-32, 2층)
전화 (02) 322－3164~5 | **팩스** (02) 322－3166
페이스북 facebook.com/maumsup
ISBN 979－11－6285－004－6 (03190)

마음의숲에서 단행본 원고를 기다립니다.
따뜻하고 생동감 넘치는 여러분의 글을 maumsup@naver.com으로 보내주세요.

이 도서의 국립중앙도서관 출판예정도서목록(CIP)은 e-CIP 홈페이지(http://www.nl.go.kr/ecip)와
국가자료공동목록시스템(http://www.nl.go.kr/kolisnet)에서 이용하실 수 있습니다.
(CIP제어번호: CIP2018018531)